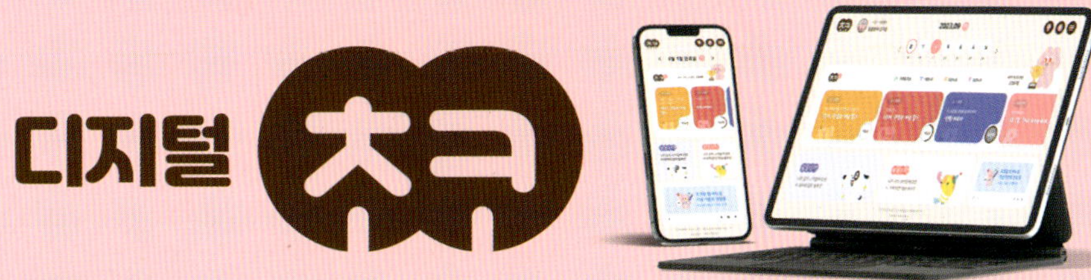

첫 달 100원
무제한 스터디밍

지금 신규 가입하면
첫 달 9,500원 → 100원!

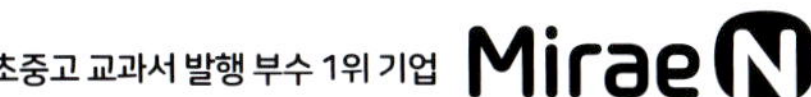

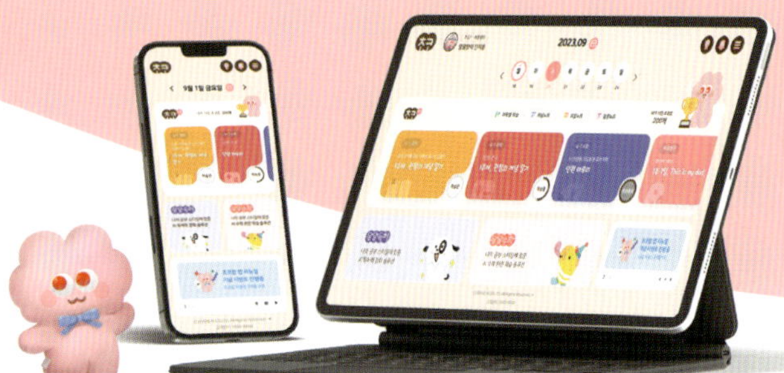

초등 전과목 교과 학습

국어·수학·사회·과학·영어 전과목 교과 학습입니다. 교과 커리큘럼에 따라 과목별 시간표를 제공하여, 초등 핵심 개념을 빈틈없이 학습할 수 있어요. 교과서 발행부수 1위 기업 미래엔의 노하우를 담은 과목별 콘텐츠와 직접 말하고 참여하는 인터랙티브 학습으로 효과적인 초등 코어 학습 시스템을 제공합니다.

달달독해 — AI 문해력 강화 솔루션

아이의 독해력과 독서 성향을 파악하여 AI가 딱 맞는 주제와 난이도의 학습을 추천합니다. 어휘-배경지식-지문 3단계 독해 학습으로 수능까지 대비할 수 있습니다.

달달수학 — AI 수학 실력 향상 프로그램

수학 학습 성취도 및 성향 분석으로 영역별 강, 약점을 파악하고, 아이의 학습 과정을 실시간으로 분석해 최적의 맞춤 학습을 제공하여, 수학 실력을 향상시킬 수 있습니다.

실속있는 학습 구독의 시작
초코 첫 달 100원 바로가기

Mirae N

1주 1일 사실과 의견 구별하기 ❶

사실과 의견을 모두 말한 친구는 누구인지 찾아 ◯표 하세요.

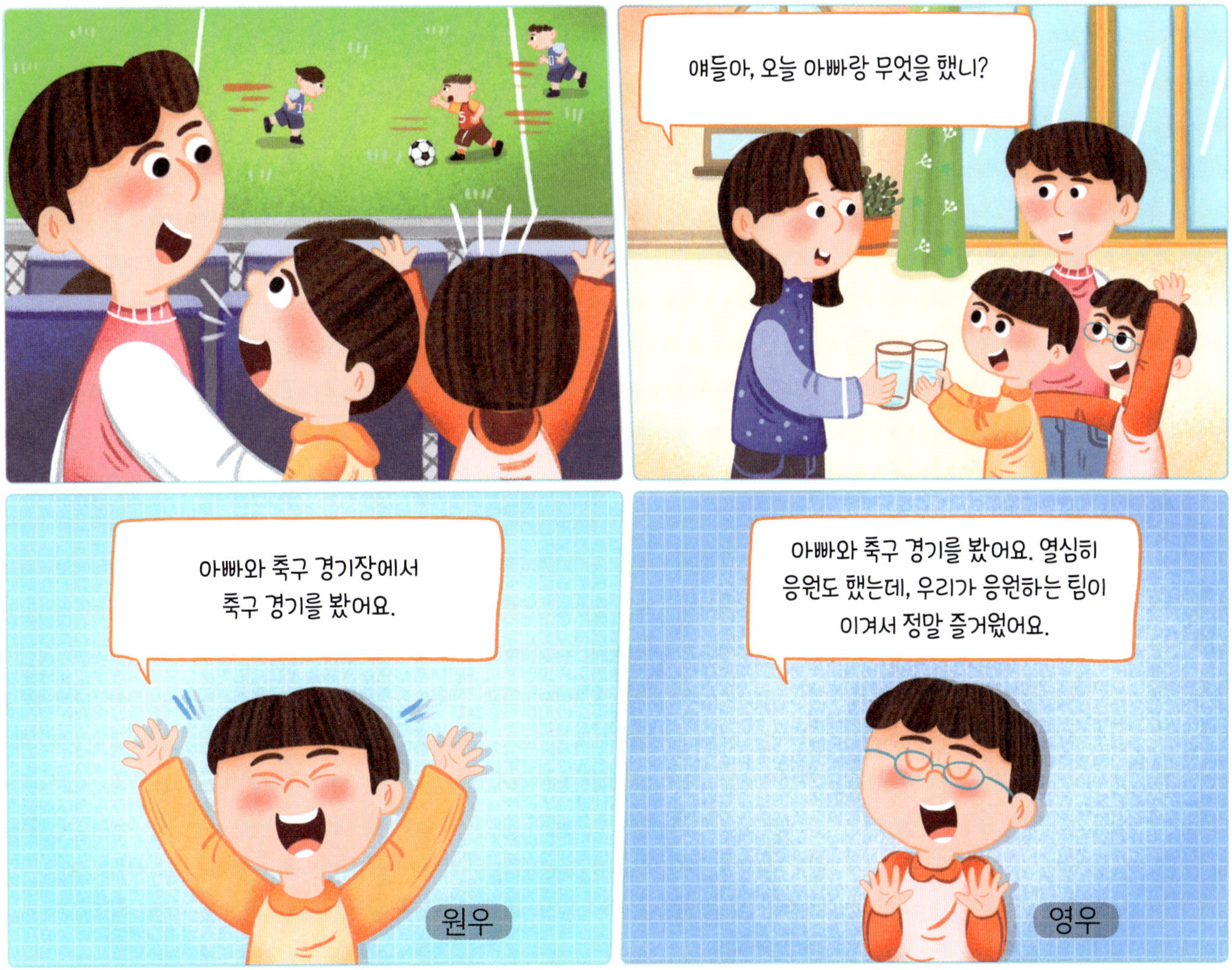

사실과 의견을 모두 말한 친구는 (원우, 영우)입니다.

현재 벌어진 일이나 실제로 있었던 일을 사실이라 하고, 대상이나 일에 대한 생각을 의견이라고 해요. 대체로 모든 글에는 사실과 의견이 함께 담겨 있어요. 사실과 의견을 구별하며 글을 읽어야 글쓴이의 의견의 타당성을 확인할 수 있어요. 자, 이제 글을 읽으면서 사실과 의견을 구별하여 볼까요?

 **다음 글을 읽고, 사실과 의견을 구별해 보세요.**

지난 주말에 가족들과 함께 갯벌에 다녀왔다. 평소 나는 갯벌에 관심이 많아 갯벌에 관한 책을 찾아보았다. 그런데 마침 아버지께서 갯벌에 가자고 하셨다.

갯벌에는 낙지, 바지락, 게 등 다양한 동물이 있었다. 책에서만 보았던 갯벌의 모습을 직접 보니 신기하기만 했다. 갯벌은 태풍이나 해일이 발생할 때 방파제 역할을 하고, 갯벌에 사는 미생물은 바다에 있는 오염 물질을 정화한다고 한다. 우리에게 많은 도움을 주는 갯벌을 아끼고 갯벌에 꾸준히 관심을 가져야겠다고 생각했다.

💡 실제로 있었던 일은 '사실'이에요.

글쓴이가 갯벌에 관심을 가지고 한 일로 알맞은 것을 이 글에서 찾아 빈칸에 쓰세요.

갯벌에 관한 (　　　　　　　　)을 찾아보았다.

💡 대상이나 일에 대한 생각은 '의견'이에요.

갯벌에 간 글쓴이가 한 생각으로 알맞은 것은 무엇인가요? (　　　)

① 다음 주말에 가족들과 어디를 갈지 생각했다.
② 아버지를 따라 갯벌에 또 가야겠다고 생각했다.
③ 갯벌에 사는 다른 생물들을 찾아봐야겠다고 생각했다.
④ 태풍과 해일에 대해 백과사전을 찾아봐야겠다고 생각했다.
⑤ 갯벌을 아끼고 갯벌에 꾸준히 관심을 가져야겠다고 생각했다.

💡 사실과 달리 의견은 '~해야 합니다.', '~라고 생각합니다.' 등의 문장으로 나타내요.

다음 중 사실에는 '사', 의견에는 '의'라고 쓰세요.

(1) 지난 주말에 가족들과 함께 갯벌에 다녀왔다. ·····························(　　　)
(2) 갯벌에는 낙지, 바지락, 게 등 다양한 동물이 있었다. ····················(　　　)
(3) 책에서만 보았던 갯벌의 모습을 직접 보니 신기하기만 했다. ··············(　　　)
(4) 갯벌에 사는 미생물은 바다에 있는 오염 물질을 정화한다고 한다. ········(　　　)

 **2** 다음 편지를 읽고, 사실과 의견을 구별해 보세요.

경찰청장님께

경찰청장님, 안녕하세요? 저는 미래 초등학교 4학년 김한율입니다.

ⓐ 얼마 전 저와 제 친구들은 등교를 하다가 큰 사고가 날 뻔하였습니다. ⓑ 저희 학교 앞에는 횡단보도가 있습니다. 학교에 가려면 이 횡단보도를 건너야 하는데, 신호등이 파란불로 바뀌어도 멈추지 않고 쌩쌩 달리는 차들 때문에 저희들은 차에 치일 뻔하였습니다.

차들이 신호를 지키지 않고 너무 빨리 달리기 때문에 횡단보도를 건널 때에도 많이 무섭습니다. ⓒ 경찰청장님, 학교 앞 도로에 감시 카메라를 설치해 주시면 좋겠습니다. ⓓ 그러면 차들이 빨리 달리지 못할 것입니다. 그리고 ⓔ 신호를 지키지 않는 차도 없어질 것입니다.

미래 초등학교 학생들이 안심하고 학교에 다닐 수 있도록 학교 앞에 감시 카메라를 설치해 주세요. 그럼, 안녕히 계세요.

2000년 3월 10일

김한율 올림

 글쓴이가 이 편지를 쓴 까닭으로 알맞은 것을 이 글에서 찾아 빈칸에 쓰세요.

미래 초등학교 앞 도로에 (   )를 설치해 달라는 부탁을 하기 위해서

 ⓐ~ⓔ 중 사실과 의견을 구별하여 알맞게 짝 지은 것은 무엇인가요? (   )

	사실	의견
①	ⓐ	ⓑ, ⓒ, ⓓ, ⓔ
②	ⓐ, ⓑ	ⓒ, ⓓ, ⓔ
③	ⓑ, ⓒ	ⓐ, ⓓ, ⓔ
④	ⓓ, ⓔ	ⓐ, ⓑ, ⓒ
⑤	ⓔ	ⓐ, ⓑ, ⓒ, ⓓ

어촌에서 볼 수 있는 풍경

○ 다음 그림과 낱말의 뜻을 보고, 빈칸에 들어갈 알맞은 말을 보기 에서 골라 쓰세요.

보기   갯벌   방파제   어시장   염전

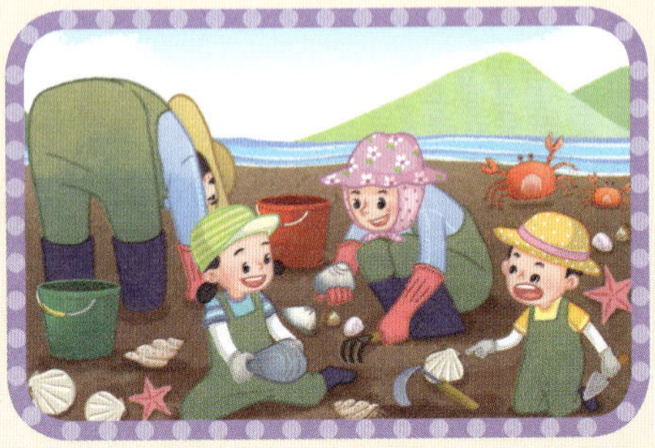

□□ 에서 사람들이 조개를 캔다.
└ 바닷물이 빠졌을 때에 드러나는 넓은 진흙 벌판.

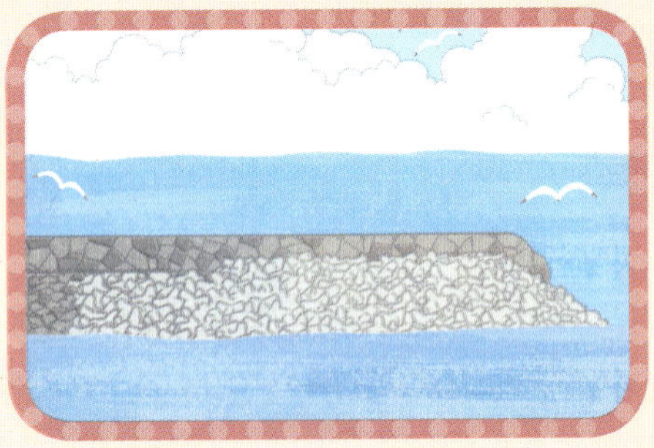

□□□ 가 길게 뻗어 있다.
└ 항구로 밀려드는 물결을 막기 위해 바다에 쌓은 둑.

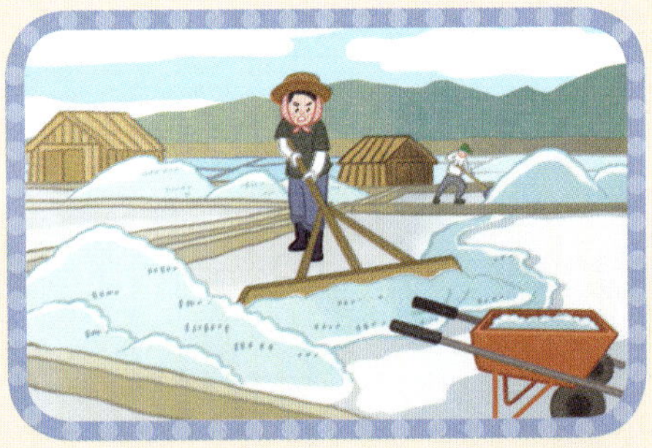

□□ 에서 소금을 생산한다.
└ 바닷물을 막아 햇볕에 증발시켜서 소금을 만드는 곳.

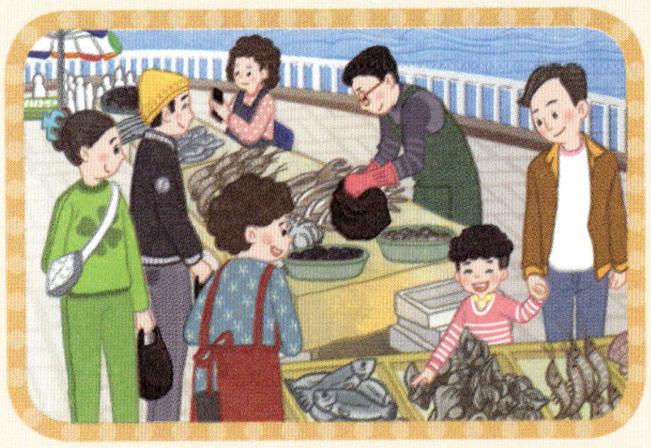

□□□ 에는 싱싱한 해산물들이 많이 있다.
└ 생선 등의 수산물을 파는 시장.

1주 1일
정답 확인

오늘 나의 실력을 평가해 봐!

부모님 응원 한마디

사실과 의견 구별하기 ❷

🌳 다음 기사를 읽고 물음에 답해 봅시다.

미래일보

미래 초등학교 신문

20○○년 4월 1일 금요일

심장병 친구 돕기 위한 모금 운동 벌여
친구를 위한 따뜻한 마음을 느낄 수 있어

심장병으로 오랫동안 병원에 입원 중인 우리 학교 4학년 ○○○ 학생을 돕기 위하여 지난 3월 21일부터 5일간 모금 운동을 벌였습니다. 모금한 돈은 26일에 ○○○ 학생의 부모님께 전달하였습니다.

모금한 돈이 ○○○ 학생에게 조금이나마 보탬이 되었으면 좋겠습니다.

4학년 3반 송민서

---

1 사실과 의견을 알맞게 구별한 친구의 이름을 쓰세요.

> 윤서: 3월 21일부터 5일간 모금 운동을 벌였다는 것은 사실이야.
>
> 하준: 모금한 돈은 26일에 ○○○ 학생의 부모님께 전달했다는 것은 의견이야.
>
> 서진: 모금한 돈이 ○○○ 학생에게 조금이나마 보탬이 되었으면 좋겠다는 것은 사실이야.

(   )

2 신문 기사의 제목에서 의견 부분을 골라 ○표 하세요.

심장병 친구 돕기 위한 모금 운동 벌여	친구를 위한 따뜻한 마음을 느낄 수 있어
( )	( )

다음 뉴스를 보고 물음에 답해 봅시다.

아나운서: 날씨가 추워 사과 재배가 불가능하였던 강원도 최북단 지역에서도 사과가 생산되고 있습니다. 지구 온난화로 해마다 평균 기온이 올라가면서, 강원도가 사과 재배에 적합한 지역으로 성장하고 있습니다. 김서언 기자가 전합니다.

기자: 탐스럽게 익은 빨간 사과가 주렁주렁 달린 강원도 최북단 지역의 한 사과 농장. 수확이 한창인 이 사과는 맛있다는 입소문이 나면서 추석 선물로 인기를 끌고 있습니다.

손님: 강원도에서 생산되는 사과가 다른 지역보다 많이 커요. 먹어 보니까 굉장히 달아요. 다른 지역보다 훨씬 싸고 질이 좋은 것 같아서 마음에 듭니다. 전국 최고의 사과인 것 같아요. 이번 추석 선물로 강원도 사과를 샀습니다.

기자: 과거에는 기온이 낮아 사과 재배는 엄두도 내지 못하였지만, 지구 온난화로 강원도 지역에서도 사과 재배가 가능하게 된 것입니다. 지구 온난화로 인해 강원도가 사과의 주요 생산지로 거듭날 것으로 전망됩니다.

3 이 뉴스가 전하려고 하는 가장 중요한 내용은 무엇인가요? (   )

① 강원도에서 생산되는 사과가 현재 수확되고 있다.
② 지구 온난화로 우리나라의 자연환경이 망가지고 있다.
③ 강원도에서 생산되는 사과가 맛이 좋으니 선물로 추천한다.
④ 과거에는 기온이 낮아 강원도에서 사과를 재배할 수 없었다.
⑤ 지구 온난화의 영향으로 강원도에서 사과를 재배하게 되었다.

4 손님은 강원도에서 생산되는 사과가 어떠하다고 하였나요? 알맞은 것에 ○표 하세요.

(1) 굉장히 달고 크기가 큰, 질 좋은 사과이다. ································· (   )

(2) 다른 지역에서는 생산되지 않는 특이한 종류의 사과이다. ··············· (   )

5 다음은 뉴스를 만들기 전 기자가 떠올린 내용입니다. 사실과 의견으로 구분하여 빈칸에 기호를 쓰세요.

> ㉠ 우리나라 강원도에서 사과가 재배되고 있어.
>
> ㉡ 앞으로 강원도에서 사과가 많이 재배될 거야.
>
> ㉢ 강원도에서 사과가 생산되는 까닭은 지구 온난화 때문이야.
>
> ㉣ 손님의 인터뷰를 넣으면 사람들이 내용을 더 쉽게 알 수 있을 거야.

(1) 사실: (   )   (2) 의견: (   )

6 다음 중 뉴스를 읽고 사실과 의견을 알맞게 구별한 것에 ○표 하세요.

아나운서의 말 중 '강원도 최북단 지역에서도 사과가 생산되고 있습니다.'는 사실에 해당해.	손님의 말 중 '전국 최고의 사과인 것 같아요.'는 사실에 해당해.	손님의 말 중 '이번 추석 선물로 강원도 사과를 샀습니다.'는 의견에 해당해.
☐	☐	☐

한 문장 마무리

7 빈칸에 알맞은 말을 써서, 이 뉴스의 내용을 정리해 보세요.

☐☐ ☐☐☐ 로 평균 기온이 올라 ☐☐☐ 최북단 지역에서도 ☐☐ 를 재배할 수 있게 되었습니다.

헷갈리기 쉬운 말

○ 다음 그림을 보고, 밑줄 친 말의 알맞은 뜻을 찾아 선으로 이으세요.

적합하다 / 적확하다

정확하게 맞아 틀린 점이 없다.

어떤 일이나 조건에 꼭 들어맞아 알맞다.

한창 / 한참

시간이 꽤 지나는 동안.

어떤 일이 가장 활기 있고 왕성하게 일어나는 때.

오늘 나의 실력을 평가해 봐!    부모님 응원 한마디

1주 3일 사실과 의견 구별하기 ③

다음 광고를 보고 물음에 답해 봅시다.

1 사실과 의견을 구별하여 선으로 이으세요.

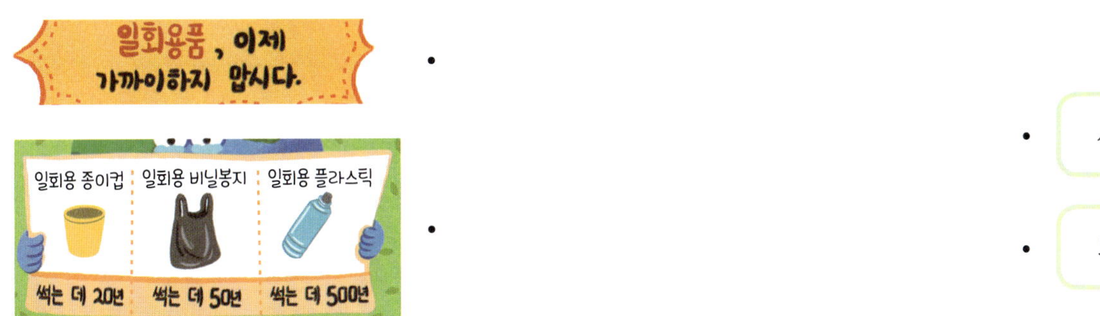

- 사실
- 의견

2 다음 내용에서 알맞은 말을 골라 ○표 하세요.

서준이와 윤서는 같은 공익 광고를 보고 서로 다른 (사실, 의견)을 이야기하고 있어요. 이와 같이 (사실, 의견)은 사람에 따라 다를 수 있어요.

㉠ 손을 깨끗이 씻어요!

㉮ 손만 잘 씻어도 질병의 70%(퍼센트)를 예방할 수 있습니다

왜 손을 씻어야 할까요? 손을 안 씻으면……

언제 손을 씻어야 할까요? 이때는 반드시……

우리 손에는 어떤 무서운 균들이 있나요?

어떻게 손을 씻어야 할까요?

❶ 거품 내기 ❷ 깍지 끼고 비비기 ❸ 손바닥, 손등 문지르기 ❹ 손가락 돌려 닦기 ❺ 손톱으로 문지르기 ❻ 흐르는 물로 헹구기 ❼ 종이 타월로 물기 닦기 ❽ 종이 타월로 수도꼭지 잠그기

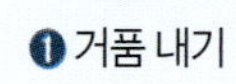

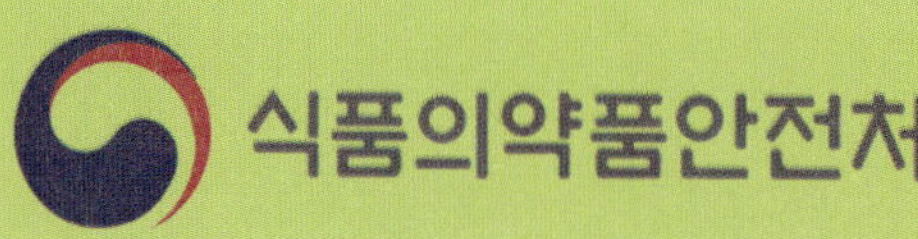

3 손을 씻지 않으면 생길 수 있는 일이 <u>아닌</u> 것은 무엇인가요? (   )

① 눈병에 걸릴 수 있다.　　　　② 열이 나고 토하기도 한다.

③ 감기에 쉽게 걸릴 수 있다.　　④ 피부에 멍이 들고 몸이 가렵다.

⑤ 배가 아프고 설사를 하기도 한다.

4 ㉠과 ㉡ 중 사실에는 ○표, 의견에는 △표 하세요.

5 ㉮의 뜻으로 가장 알맞은 것은 무엇인가요? (   )

① 손을 씻기만 하면 모든 질병을 예방할 수 있다.

② 손을 잘 씻으면 병에 걸리지 않고 오래 살 수 있다.

③ 손을 잘 씻는 습관을 가지면 질병을 예방할 수 있다.

④ 우리가 병에 걸리는 이유는 모두 손에서 생긴 병균 때문이다.

⑤ 집을 깨끗이 청소하기보다는 손을 깨끗이 하는 습관을 가져야 한다.

6 이 광고를 가장 잘 이해한 친구의 이름을 쓰세요.

라영: 앞으로는 올바른 방법으로 손을 깨끗이 씻어야겠어.	민아: 손을 반드시 씻어야 하는 상황이 아니라면 손을 씻지 말아야겠어.	혜서: 손을 너무 자주 씻어도 병에 걸릴 수 있구나. 이제 하루에 세 번만 손을 씻어야겠어.

(   )

7 빈칸에 알맞은 말을 써서, 이 광고의 내용을 정리해 보세요.

☐ 을 올바른 방법으로 잘 씻으면 ☐ ☐ 을 ☐ 할 수 있습니다.

뜻이 비슷한 말

○ 다음 밑줄 친 말과 뜻이 비슷한 말을 골라 ○표 하세요.

손을 씻어 질병을 예방하다.

막다   일으키다

눈을 문지르다.

감싸다   비비다

시골에서 배추를 재배하다.

기르다   버리다

후손을 위해 환경을 보존하다.

보수하다   보호하다

사실과 의견 구별하기 ④

🌳 다음 글을 읽고 물음에 답해 봅시다.

올바른 운동장 사용을 알리는 안내판을 만들자

아침마다 학교 운동장 곳곳에서 빈 음료수병과 컵라면 용기 등을 쉽게 볼 수 있습니다. 학교 운동장을 사용한 주민들이 쓰레기를 함부로 버렸기 때문입니다.

학교 운동장을 올바르게 사용하는 방법을 알려 주는 안내판을 만들면 어떨까요?

그러면 지역 주민들이 올바른 운동장 사용 방법을 알 수 있기 때문에 운동장에 버려진 쓰레기가 훨씬 줄어들 것입니다.

1 이 글에서 글쓴이가 제기한 문제 상황으로 알맞은 것에 ⭕표 하세요.

(   )

(   )

(   )

2 글쓴이가 **1**의 문제 상황을 해결하기 위해 제안한 것은 무엇인지 빈칸에 알맞은 말을 쓰세요.

학교 운동장을 올바르게 사용하는 방법을 알려 주는 (   )을 만들자.

　동물 마을의 샘에 물이 말라 가고 있습니다. 하늘에는 구름이 가득하였지만 비는 내리지 않았습니다. 마을 뒷산 여기저기에 웅덩이를 파 보았지만, 물은 나오지 않았습니다. 마을의 들판에도 깊은 샘을 파 보았지만, 물은 고이지 않고 금방 땅속으로 스며들었습니다.

　샘이 이렇게 말라 가면 얼마 가지 않아 물을 얻을 수 없게 될 것입니다. 그렇게 되면 동물들은 물이 있는 마을을 찾아 떠나가야 합니다.

　정든 마을을 두고 이사를 간다는 것은 참 슬픈 일입니다. 이 사실을 알게 된 마을 동물들은 걱정이 이만저만이 아니었습니다.

　"여러분, 우리 마을의 샘에 물이 말라 가요. 지금 우리 마을은 위기에 빠졌어요. 이 위기를 극복하지 못하면 우리 마을은 사라지고 말 거예요."

　마을에서 가장 나이가 많은 거북 할머니가 걱정스러운 목소리로 말하였습니다. 여기저기에서 한숨 소리가 흘러나왔습니다. 염소 할아버지가 거북 할머니의 말을 이었습니다.

　"몇 해 전에 큰비가 내렸지요. 그때, 모두 연못을 만들어야 한다고 하였어요. 하지만, 시간이 지나자 모두 나 몰라라 하였지요. 연못을 만들어 빗물을 잘 보관하였다면 지금처럼 큰 걱정은 하지 않았을 것입니다."

　토끼가 깡충깡충 뛰면서 큰 소리로 말하였습니다.

　"지금이라도 당장 연못을 만들면 되잖아요? 지금 연못을 파면 이듬해에 가뭄을 막을 수 있어요."

　들쥐도 거들었습니다.

　"맞아요. 땅을 파다 보면 물이 나올 수도 있어요. 그러니까 얼른 괭이와 삽을 들고 들판으로 나가야 해요."

　그때 사슴이 차분한 목소리로 다른 동물들을 향하여 말하였습니다.

　"연못을 만드는 데에는 많은 시간과 노력이 필요해요. 그것보다는, 우리가 물을 아끼기 위하여 실천할 수 있는 방법을 생각하여 보고, 우리 마을에서 물을 조금씩 덜 쓰도록 노력하여야 해요."

3 동물 마을에 일어난 문제를 찾아 빈칸에 알맞은 말을 쓰세요.

> 마을의 샘에 (   )이 말라 가고 있다.

4 이 글의 내용으로 알맞은 것은 무엇인가요? (   )

① 염소 할아버지는 마을에서 가장 나이가 많다.
② 동물 마을에 사는 동물들은 정든 마을을 두고 이사를 가기로 하였다.
③ 토끼는 다른 동물들에게 우리 마을이 위기에 빠졌다는 사실을 알렸다.
④ 사슴은 다른 동물들에게 화를 내며 큰 소리로 자신의 생각을 말하였다.
⑤ 염소 할아버지는 몇 해 전 큰비가 내렸을 때 연못을 만들지 않은 것을 후회하였다.

5 동물들의 의견에 대한 설명으로 알맞지 <u>않은</u> 것은 무엇인가요? (   )

① 토끼는 지금이라도 당장 연못을 만들어야 한다고 했다.
② 사슴의 의견을 따르면 물을 다 쓴 이후의 문제는 해결할 수 없다.
③ 들쥐는 토끼의 생각에 찬성하며 땅을 파러 들판으로 나가자고 했다.
④ 토끼와 들쥐의 의견을 따르면 지금 당장 부족한 물 문제를 해결할 수 있다.
⑤ 사슴은 물을 아끼기 위하여 물을 조금씩 덜 쓰도록 노력하여야 한다고 했다.

6 알맞은 말에 ○표 하여, 이 글의 내용을 정리해 보세요.

> 동물 마을의 샘에 (물, 풀)이 말라 가는 문제에 대해 여러 동물들이 (사실, 의견)을 말하고 있습니다.

뜻을 구별해야 하는 말

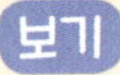 **보기** 에서 낱말의 뜻을 확인하고, 빈칸에 들어갈 알맞은 말을 따라 쓰세요.

보기
- 고이다: 우묵한 곳이나 좁은 공간에 액체나 냄새, 기체 등이 모이다.
- 들이치다: 비나 눈 등이 안쪽으로 세게 들어오다.
- 새다: 틈이나 구멍으로 기체나 액체가 빠져나가다.

비가 와서 웅덩이에 물이 고이다 .

천장에 난 구멍에서 물이 새다 .

빗줄기가 텐트에 들이치다 .

 오늘 나의 실력을 평가해 봐!

 부모님 응원 한마디

사실과 의견 구별하기 ❺

 다음 글을 읽고 물음에 답해 봅시다.

> 체육 시간에 운동장 한 바퀴를 못 뛰는 친구들이 많습니다. 어린이 건강 신문에서는 초등학생들을 대상으로 실시했던 건강 검진 결과, 초등학생들의 건강 상태가 좋지 못하다고 하였습니다. 과체중, 비만, 당뇨, 거북목 증후군 등을 앓고 있는 학생도 있다고 합니다.
>
> 이러한 문제를 해결하기 위하여 중간 놀이 시간에 태권도를 하면 좋겠습니다. 태권도는 우리나라 전통 무술로, 예전부터 건강한 몸을 만들어 줄 뿐만 아니라, 정신 수양에 큰 도움을 준다고 알려져 있습니다. 중간 놀이 시간을 이용하여 태권도를 배우면 몸도 튼튼하고 정신도 건강하여 공부도 더 잘될 것이라고 생각합니다.

1 초등학생들의 건강 상태에 대한 사실로 알맞은 것에 ○표 하세요.

(1) 우리나라 전통 무술인 태권도를 많이 하여 정신이 건강하다. ·············· (　　　)

(2) 초등학생들의 건강 상태가 좋지 못하고, 과체중이나 비만인 경우가 있다.·· (　　　)

2 글쓴이가 문제 상황을 해결하기 위해 제시한 의견은 무엇인지 빈칸에 알맞은 말을 쓰세요.

> 중간 놀이 시간에 (　　　　　　　)를 하면 좋겠습니다.

3 글쓴이가 **2**와 같은 의견을 제시한 까닭으로 알맞지 <u>않은</u> 것은 무엇인가요? (　　　)

① 공부도 더 잘될 것이다.　　　② 건강한 몸을 만들어 준다.

③ 운동장 한 바퀴를 못 뛰게 된다.　　　④ 정신 수양에 도움을 받을 수 있다.

⑤ 몸도 튼튼하고 정신도 건강해질 수 있다.

다음 만화를 보고 물음에 답해 봅시다.

4 이 만화에서 세 친구들은 무엇에 대해 이야기를 나누고 있나요? (   )

① 편지를 쓰면 좋은 점
② 댄스 동아리의 필요성
③ 혼자 사는 노인들을 돕는 방법
④ 이번 장기 자랑에서 하고 싶은 일
⑤ 건강하게 생활하기 위해 지켜야 할 일

5 다음 내용이 사실에 해당하면 '사', 의견에 해당하면 '의'라고 쓰세요.

(1) 혼자 사는 노인들이 늘어나고 있다. ·······································(   )

(2) 할머니, 할아버지들께 편지를 쓰자. ·······································(   )

(3) 혼자 사시는 할머니, 할아버지들께서 외롭지 않도록 함께 시간을 보내자. ··(   )

6 이 만화에서 보라, 영호, 소미의 의견으로 알맞은 것을 보기 에서 찾아 기호를 쓰세요.

(1) 보라: (   )   (2) 영호: (   )   (3) 소미: (   )

7 보라가 자신의 의견을 뒷받침하기 위해 제시한 까닭은 무엇인가요? (   )

① 노인들이 힘들 때 서로 도울 수 있다.
② 우리의 이야기를 듣느라 노인들이 지칠 것이다.
③ 노인들이 텔레비전을 볼 시간이 줄어서 아쉬워할 것이다.
④ 이야기를 나누면 노인들이 외로움을 느끼시지 않을 것이다.
⑤ 장기 자랑을 연습하느라 노인들이 새로운 취미를 가질 수 있다.

8 ㉠에 들어갈 까닭을 가장 알맞게 말한 친구의 이름을 쓰세요.

유진: 편지에는 첫인사와 끝인사가 들어가기 때문이야.

동우: 편지를 쓰면 할머니, 할아버지들께서도 글자를 배울 수 있기 때문이야.

현지: 편지를 쓰면 할머니, 할아버지들의 마음을 따뜻하게 해 드릴 수 있기 때문이야.

(   )

한 문장 마무리

9 알맞은 말에 ○표 하여, 이 만화의 내용을 정리해 보세요.

(몸이 불편한, 혼자 사는) 노인들을 돕는 방법에 대하여 세 친구가 의견을 나누고 있습니다.

상태를 나타내는 말

○ 다음 그림을 보고, 문장에 어울리는 말을 골라 ○표 하세요.

나 혼자 친구들과 다른 반이 되어
(외롭다, 흥겹다).

옆집 할머니께서는 항상
(냉정하다, 정답다).

시험 시간이 얼마 남지 않아
(뿌듯하다, 조급하다).

일어난 지 얼마 되지 않아
(몽롱하다, 흐뭇하다).

1주 5일
정답 확인

오늘 나의 실력을 평가해 봐!

 부모님 응원 한마디

의견의 적절성 판단하기 ❶

‘바람직한 독서 방법’에 대한 의견을 적절하게 말하지 <u>못한</u> 친구의 이름을 쓰세요.

의견을 적절하게 말하지 못한 친구는 ☐☐ 입니다.

의견은 어떤 대상이나 일에 대한 저마다의 생각이에요. 사람마다 의견은 각자 달라요. 따라서 의견을 밝히거나 들을 때에는 의견을 뒷받침하는 내용이 적절한지, 주제와 관련이 있는지 등을 판단하는 과정을 거쳐야 해요. 자, 그럼 이제 글을 읽으며 글쓴이의 의견이 적절한지 판단해 볼까요?

 **다음 글을 읽고, 의견의 적절성을 판단해 보세요.**

　사람들은 숲에서 생활에 필요한 여러 가지 물건을 얻습니다. 이로 인해 숲이 파괴되고 생물들의 보금자리가 사라집니다. 우리는 이런 숲을 보호하고 생물들의 보금자리를 지켜 주어야 합니다. 이를 위해서는 어떻게 해야 할까요?

　자원의 낭비를 막아야 합니다. 우리가 물건을 아껴 쓰고, 버리는 물건을 재활용하면 숲이 파괴되는 것을 줄일 수 있습니다.

　나무를 베어 낸 숲은 다시 가꾸어야 합니다. 한번 파괴된 숲은 저절로 복원되는 데 오랜 시간이 걸리지만, 사람들이 노력하면 조금 더 빨리 새로운 숲을 만들 수 있습니다.

　또한 숲에 머무를 때는 음식을 해 먹거나 쓰레기를 버리는 일을 하지 말아야 합니다. 이러한 행동을 실천하면 숲을 보호할 수 있습니다.

 💡 사실과 의견을 구분하며, 글쓴이의 의견을 찾아보세요.

이 글에 나타난 글쓴이의 의견을 알맞게 말한 친구의 이름을 쓰세요.

> 상민: 숲을 보호하고 생물들의 보금자리를 지켜 주어야 한다.
> 예진: 사람들이 숲에서 여러 가지 물건을 얻고 있어, 숲이 파괴되고 생물들의 보금자리가 사라지고 있다.

(　　　　　)

 💡 의견에 대한 뒷받침 내용이 적절해야 글쓴이의 의견이 적절한지 판단할 수 있어요.

글쓴이의 의견에 대한 뒷받침 내용으로 알맞은 것에 ○표 하세요.

(1) 나무를 베어 낸 숲은 다시 가꾸어야 한다. ･･････････････････････ (　　　)
(2) 동물들이 숲에 머물지 못하도록 막아야 한다. ･･････････････････ (　　　)

글쓴이의 의견이 적절한지 판단하고, 그렇게 생각한 까닭을 찾아 ○표 하세요.

> 　글쓴이의 의견은 (적절하다, 적절하지 않다). 왜냐하면 글쓴이의 의견이 문제를 (악화하는, 해결하는) 데 도움을 주기 때문이다.

 **다음 글을 읽고, 의견의 적절성을 판단해 보세요.**

저는 초등학생이 스마트폰을 이용하는 시간을 제한해야 한다고 생각합니다. 어린이는 어른에 비해 판단력과 자제력이 떨어집니다. 손에 스마트폰이 있으면 자꾸 확인하고 싶습니다. 만약 수업 시간에도 이런 상태가 계속된다면 공부에 방해가 될 것입니다. 초등학교에서 배우는 내용은 모든 학습의 기초가 됩니다. 그러므로 초등학생은 제한된 시간 외에 스마트폰을 사용하면 안 된다고 생각합니다.

 **글쓴이의 의견으로 가장 알맞은 것은 무엇인가요? (　　　　　)**

① 초등학생은 수업 시간에 집중해야 한다.
② 초등학생은 스마트폰을 이용하면 안 된다.
③ 초등학생이 배우는 내용은 순간적일 뿐이다.
④ 초등학생은 판단력과 자제력을 키워야 한다.
⑤ 초등학생의 스마트폰 이용 시간을 제한해야 한다.

 **글쓴이의 의견을 뒷받침하는 내용으로 알맞은 것에는 ○표, 알맞지 <u>않은</u> 것에는 ✕표 하세요.**

손에 스마트폰이 있어야 한다.	스마트폰은 공부에 방해가 된다.	어린이는 어른에 비해 판단력과 자제력이 떨어진다.
(　　　　)	(　　　　)	(　　　　)

 **글쓴이의 의견이 적절한지 바르게 판단한 친구의 이름을 쓰세요.**

민영: 스마트폰 사용의 긍정적인 면은 언급하지 않았으므로 적절하지 않은 의견이야.
지민: 자신의 의견에 대하여 적절한 뒷받침 내용을 제시하였으므로 적절한 의견이야.

(　　　　　　)

뜻이 비슷한 말

○ 다음 밑줄 친 말과 뜻이 비슷한 말을 골라 ○표 하세요.

마당에서 채소를 <u>가꾸다</u>.

보살피다   채집하다

부서진 성곽을 <u>복원하다</u>.

복구하다   복귀하다

화재로 숲이 완전히 <u>파괴되다</u>.

망가지다   회복되다

방학 동안 시골 할머니 댁에 <u>머무르다</u>.

지나가다   지내다

2주 1일
정답 확인

오늘 나의 실력을 평가해 봐!

🐾 부모님 응원 한마디

____

의견의 적절성 판단하기 ❷

2주 2일

🌳 다음 글을 읽고 물음에 답해 봅시다.

요즘 학교에서 안전사고가 많이 일어나서 친구들이 다치는 일이 늘어나고 있습니다. 학교 안전사고를 예방하기 위해 학생들에게 사전 안전 교육을 실시해야 합니다. 학교에서 일어나는 안전사고 원인의 대부분은 학생들의 부주의입니다. 예를 들어 먼저 지나가려는 마음에 복도에서 뛰어다니다가 친구들과 부딪칠 경우 크게 다칠 수 있습니다. 이런 문제들은 사전에 안전 교육을 받으면 충분히 예방할 수 있습니다. 사전 안전 교육은 우리에게 안전의 중요성을 깨닫게 해 주기 때문입니다. 따라서 사전 안전 교육을 강화한다면 학교 안전사고는 예방될 것입니다.

1 이 글에 나타난 문제 상황으로 알맞은 것에 ○표 하세요.

(1) 학교에서 안전사고가 많이 일어나고 있다. ····························· (   )

(2) 학교에서 안전 교육이 잘 이루어지고 있다. ····························· (   )

2 글쓴이의 의견으로 알맞은 것은 무엇인가요? (   )

① 학교에서 친구들과 싸우지 말자.　　② 학교 복도에서 친구보다 먼저 지나가자.

③ 학생들에게 사전 안전 교육을 실시하자.　　④ 학교에서 즐겁게 지내는 방법을 의논하자.

⑤ 학생들끼리 도우며 지낼 수 있도록 하자.

3 글쓴이의 의견이 적절한지 바르게 판단한 것을 골라 ○표 하세요.

문제 상황과 글쓴이의 의견이 관련되어 있으므로 적절해. ☐

글쓴이의 의견은 문제를 해결하는 데 도움이 되지 않으므로 적절하지 않아. ☐

🌳 **다음 편지를 읽고 물음에 답해 봅시다.**

4 이 글에 대한 설명으로 알맞은 것에 ○표 하세요.

(1) 댐 건설 기관 담당자님께 자신의 의견을 전하기 위해 쓴 편지이다.········ (   )

(2) 댐 건설 기관 담당자님께 예의 없게 행동한 것을 반성하며 쓴 편지이다.····· (   )

5 글쓴이가 소개한 상수리의 모습으로 알맞지 <u>않은</u> 것은 무엇인가요? (   )

① 산이 깊고 물이 맑다.

② 우리 마을 때문에 다른 마을에 물 피해가 생기고 있다.

③ 숲에는 천연기념물인 새들과 하늘다람쥐가 살고 있다.

④ 강에는 쉬리나 배가사리 등 토종 물고기가 많이 살고 있다.

⑤ 마을 앞으로는 강이 흐르고 뒤로는 산이 있어 무척 아름답다.

6 글쓴이가 이 글을 쓴 목적은 무엇인가요? 알맞은 말을 골라 ○표 하세요.

댐을 건설하기로 한 계획을 (진행해, 취소해) 주기를 부탁하려고

7 글쓴이가 ㉠의 의견을 내며 뒷받침한 까닭으로 알맞은 것을 모두 고르세요.

(,   ,   )

① 댐을 건설하면 다른 마을에도 도움이 될 수 있기 때문에
② 댐을 건설하면 숲에 사는 동물들이 살 곳을 잃게 되기 때문에
③ 댐을 건설한다고 해서 홍수를 막을 수 있는 것은 아니기 때문에
④ 댐을 건설하면 마을 어른들께서 평생 살아온 고향을 떠나야 하기 때문에
⑤ 댐을 건설하면 만강에 살고 있는 물고기들을 다시 볼 수 없게 되기 때문에

8 글쓴이의 의견의 적절성을 가장 바르게 판단한 친구는 누구인가요? (   )

① 희연: 마을을 사랑하는 마음이 잘 나타났기 때문에 적절하다.
② 예서: 마을에 사는 여러 동물의 이름을 정확하게 제시하였으므로 적절하다.
③ 소율: 댐 건설에 반대하는 의견과 그 의견을 제시한 까닭이 타당하므로 적절하다.
④ 유성: 댐을 건설할 경우 홍수를 막을 수 있다는 것을 밝히지 않았으므로 적절하지 않다.
⑤ 정민: 댐을 건설할 경우 마을을 떠나야 한다는 문제점을 고려하지 못하였으므로 적절하지 않다.

한 문장
마무리

9 빈칸에 알맞은 말을 써서, 이 글의 내용을 정리해 보세요.

글쓴이는 마을에 [   ]을 건설하는 것을 [   ] 한다는 의견을 전하기 위해 댐 건설 기관 담당자님께 편지를 썼습니다.

우리나라의 토종 생물

○ '토종'이란 원래부터 그 지역에서 나는 품종을 말합니다. 사다리를 타고 내려가 우리나라 토종 생물의 이름을 확인해 보세요.

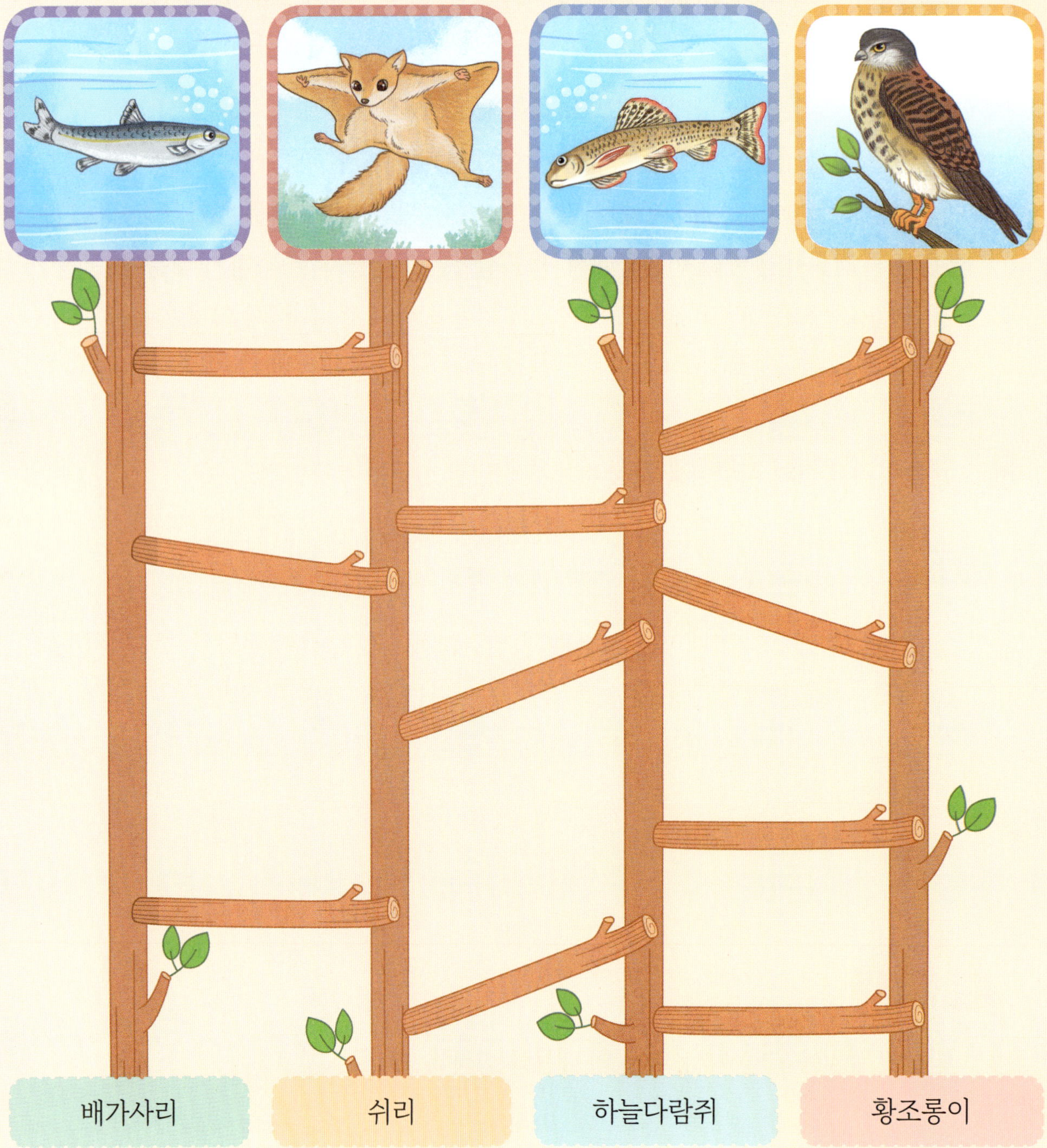

독해 4단계 2주 2일 ④

| 배가사리 | 쉬리 | 하늘다람쥐 | 황조롱이 |

의견의 적절성 판단하기 ❸

2주 3일

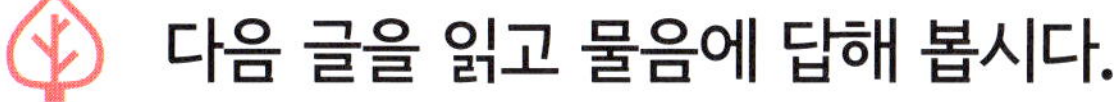

다음 글을 읽고 물음에 답해 봅시다.

> 우리 반에 만들어진 동아리는 운동 동아리, 독서 동아리, 영화 감상 동아리가 있습니다. 여러 가지 동아리가 있지만 음악과 관련된 동아리는 없습니다. 우리 반에는 동아리 활동으로 음악을 하고 싶어 하는 학생들이 많이 있고, 음악을 배우면 머리를 맑게 할 수 있다는 장점이 있습니다. 따라서 음악과 관련된 오카리나 동아리를 만들어야 합니다. 오카리나는 배우기가 쉽고 소리도 아름다운 악기입니다. 오카리나를 함께 연주하면 친구들의 마음도 하나로 모을 수 있어서 사이좋게 지내는 데 도움이 될 것입니다.

1 이 글에 나타난 문제 상황을 찾아 빈칸에 알맞은 말을 쓰세요.

> 우리 반에 (　　　　　　　　　)과 관련된 동아리가 없다.

2 글쓴이의 의견으로 가장 알맞은 것은 무엇인가요? (　　　　)

① 오카리나를 모두 배워야 한다.　　② 동아리를 그만 만들어야 한다.
③ 친구들과 사이좋게 지내야 한다.　　④ 동아리 활동을 열심히 해야 한다.
⑤ 오카리나 동아리를 만들어야 한다.

3 글쓴이의 의견이 적절한지 바르게 판단한 친구를 골라 ○표 하세요.

> 성재: 글쓴이의 의견은 우리 반의 문제 상황을 해결할 수 있으므로 적절해. ☐

> 은아: 나는 음악 동아리 활동을 하고 싶지 않아. 따라서 글쓴이의 의견은 적절하지 않아. ☐

기자: 어린이들이 먹는 과자, 어떻게 만들어야 할까요? 어린이들이 먹기 때문에 더 안전하고 깨끗하게 만들어야 하겠지만, 실제는 그렇지 않았습니다. 비위생적으로 과자를 만들다 보니 심지어 어린이들이 먹는 과자에서 고무 조각이 나오기도 하였습니다.

이곳은 ○○ 과자 회사의 공장입니다. 과자를 튀기는 솥입니다. 보시는 것처럼 검은 기름때가 끼어 있습니다. 과자를 만드는 공장의 바닥에는 기름 찌꺼기가 흥건합니다. 사용할 수 없는 오래된 원료로 사탕을 만드는 경우도 있었습니다. 어린이 식품을 만드는 곳이라고는 생각할 수 없었습니다.

이것은 어린이들이 먹는 과자에서 발견된 고무 조각입니다. 아주 작은 크기의 고무 조각으로 어린이들이 과자를 먹다가 같이 삼켰다면 큰일이 날 수도 있는 상황이었습니다.

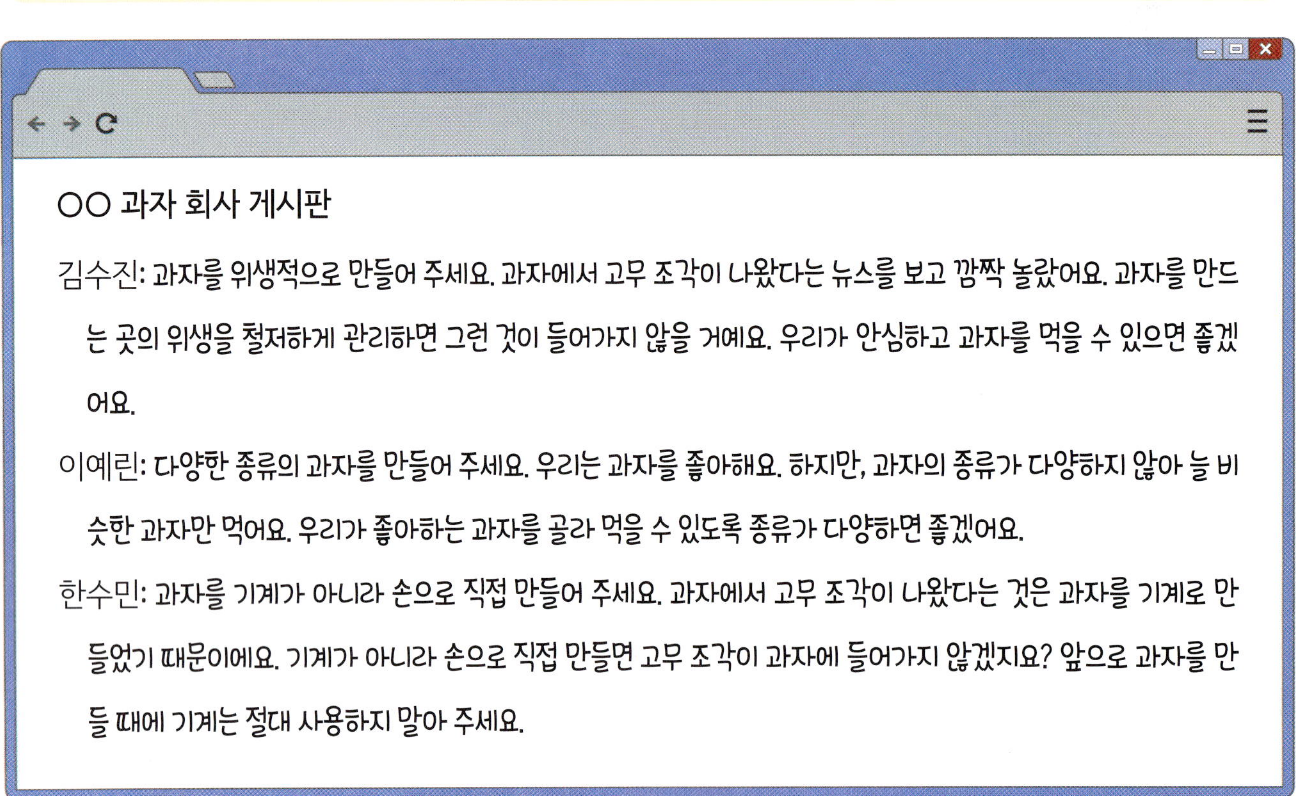

○○ 과자 회사 게시판

김수진: 과자를 위생적으로 만들어 주세요. 과자에서 고무 조각이 나왔다는 뉴스를 보고 깜짝 놀랐어요. 과자를 만드는 곳의 위생을 철저하게 관리하면 그런 것이 들어가지 않을 거예요. 우리가 안심하고 과자를 먹을 수 있으면 좋겠어요.

이예린: 다양한 종류의 과자를 만들어 주세요. 우리는 과자를 좋아해요. 하지만, 과자의 종류가 다양하지 않아 늘 비슷한 과자만 먹어요. 우리가 좋아하는 과자를 골라 먹을 수 있도록 종류가 다양하면 좋겠어요.

한수민: 과자를 기계가 아니라 손으로 직접 만들어 주세요. 과자에서 고무 조각이 나왔다는 것은 과자를 기계로 만들었기 때문이에요. 기계가 아니라 손으로 직접 만들면 고무 조각이 과자에 들어가지 않겠지요? 앞으로 과자를 만들 때에 기계는 절대 사용하지 말아 주세요.

4 뉴스에서 과자를 튀기는 솥이나 공장 바닥을 보여 준 까닭으로 가장 알맞은 것에 ○표 하세요.

(1) 과자를 어떻게 만드는지 설명하기 위해서 ······························· (   )

(2) 어떤 종류의 과자를 만들고 있는지 알려 주기 위해서 ···················· (   )

(3) 과자를 만드는 환경이 위생적이지 못하다는 것을 보여 주기 위해서 ······· (   )

5 기자가 뉴스를 통해 전달하려는 내용으로 가장 알맞은 것은 무엇인가요? (   )

① 다양한 종류의 과자가 개발되고 있다.

② 과자에는 몸에 해로운 성분이 들어간다.

③ 어린이들이 과자를 먹지 못하도록 해야 한다.

④ 어린이들이 먹는 과자가 비위생적으로 만들어지고 있다.

⑤ 과자에서 나온 고무 조각이 어디에서 나온 것인지 추적하고 있다.

6 과자 회사 게시판에 글을 쓴 세 어린이의 의견과 그 까닭을 찾아 선으로 이으세요.

김수진	·	·	과자를 손으로 만들어 주세요.	·	·	골라 먹을 수 있으면 더 좋기 때문에
이예린	·	·	과자를 위생적으로 만들어 주세요.	·	·	손으로 만들면 위생적으로 만들 수 있기 때문에
한수민	·	·	다양한 종류의 과자를 만들어 주세요.	·	·	안심하고 과자를 먹을 수 있어야 하기 때문에

7 세 어린이의 의견의 적절성을 판단한 것으로 알맞은 것에는 ○표, 알맞지 <u>않은</u> 것에는 ✕표 하세요.

김수진 어린이의 의견은 문제 상황에 알맞으므로 적절하다.	이예린 어린이의 의견은 뉴스 내용을 반영하였으므로 적절하다.	한수민 어린이의 의견은 과자 회사가 실천할 수 <u>없으므로</u> 적절하지 않다.
( )	( )	( )

한 문장 마무리

8 알맞은 말에 ○표 하여, 이 글의 내용을 정리해 보세요.

○○ 과자 회사의 (위생적인, 비위생적인) 제조 환경에 대한 뉴스를 본 후, 세 어린이가 ○○ 과자 회사 게시판에 자신의 의견을 전하고 있습니다.

잘못 쓰기 쉬운 말

● 다음 그림을 보고, 문장에 들어갈 말을 맞춤법에 맞게 쓴 것을 골라 O표 하세요.

찻잎 (지꺼기, 찌꺼기)를 건져 냈다.

갯벌에서 (낙지, 낚지)를 발견했다.

아기는 (오뚜기, 오뚝이)를
신기한 듯 쳐다보았다.

나는 (새침데기, 새침떼기)처럼
보인다는 말을 많이 들었다.

의견의 적절성 판단하기 ❹

'국가유산을 개방해야 하는가?'라는 주제로 쓴 다음 글을 읽고 물음에 답해 봅시다.

국가유산을 개방해야 합니다. 국가유산을 직접 관람하면 옛 조상이 살았던 때를 생생하게 느낄 수 있습니다. 저는 가족과 함께 고인돌 유적지를 보러 갔습니다. 거대한 고인돌이 생생하게 기억에 남았습니다. 누리집에서 고인돌에 대한 정보를 찾아보았고, 학교 도서관에서 고인돌에 대한 책을 빌려 읽기도 했습니다.

국가유산을 개방해야 국가유산 훼손을 막을 수 있습니다. 20○○년 7월 ○일 신문 기사에 보니 ○○궁에 곰팡이가 번식했다는 내용이 있습니다. 장마인데 문을 닫고만 있어서 바람이 통하지 않으니 곰팡이가 궁궐 안으로 퍼진 것입니다. 이런 문제는 사람들이 드나들면서 바람이 통하게 하면 해결할 수 있습니다.

또한 자신이 체험한 국가유산을 보호하기 위해 노력하는 사람이 늘어날 것입니다. 어디에 있는지도 모르는 유물이 아니라 우리 곁에 있는 국가유산입니다. 우리가 함께 가꾸고 보존해 나간다고 생각한 뒤에 힘을 모으면 '살아 있는' 국가유산이 될 것입니다.

1 글쓴이의 의견은 무엇인지 빈칸에 알맞은 말을 쓰세요.

국가유산을 (   )해야 한다.

2 글쓴이의 의견이 적절한지 바르게 판단한 친구를 골라 ○표 하세요.

(1) 소희: 글쓴이의 의견은 주제와 관련이 없으므로 적절하지 않아. ··········· (   )

(2) 민재: 글쓴이의 의견은 국가유산을 보호하기 위한 문제를 해결하는 데 도움이 되는 내용이므로 적절하다고 생각해. ································· (   )

　　○○ 농구 팀 감독은 경기에서 계속 지고 있어 고민입니다. 어떻게 하면 경기에서 이길 수 있을지 여러 사람의 의견을 듣고자 모임을 만들었습니다.

농구 감독: 저는 올해 처음으로 농구 감독을 맡았습니다. 감독이 된 지 한 달이 되었습니다. 그동안의 성적이 어떤지 아세요? 쉿, 다른 사람에게는 말하지 마세요. 10전 10패를 하였습니다. ㉠경기가 있는 날은 정말 어디로인가 숨고 싶습니다. 어떻게 하면 농구 경기에서 이길 수 있을까요? 좋은 의견을 말씀해 주세요.

구원해: 저는 농구 해설가 구원해입니다. 그건 말이지요, 선수들의 기본 실력이 약해서 그런 겁니다. 던지고, 받고, 골을 넣고, 이 삼박자가 농구의 기본입니다. 하지만, 현재 감독님 팀은 이것이 되고 있지 않습니다. 선수들에게 기본부터 충실하게 가르치세요. 그러면 반드시 경기에서 이길 겁니다.

하성만: 저는 농구 선수 하성만입니다. 외국 농구 팀에서 뛰어 보니까, 기본만 가지고는 안 되겠더라고요. 기술, 체력, 정신력을 모두 갖추어야 합니다. 특히, 체력과 정신력이 중요하지요. 혹시 선수들이 너무 게으른 것은 아닌지요?

고민중: 저는 하성만 선수의 친구 고민중입니다. 농구는 혼자 하는 경기가 아닙니다. 선수끼리 합심하는 것이 무엇보다 중요합니다. 그래서 일 년 내내 선수들끼리 함께 생활을 해야 합니다. 그래야 선수들끼리 서로 친해져서 합심을 잘할 것 아닙니까?

신나라: 저는 농구 팬 신나라입니다. 무슨 그런 말씀을 하세요? 뭐니 뭐니 해도 농구를 잘하려면 팬들에게 신경을 써야 합니다. 팬들과 야유회도 가고 함께 잘 놀기도 하여야 합니다. 그것이 농구 시합에 이기는 길이지요. 팬들이 경기장에 많이 와야 농구 경기도 잘할 수 있지요.

농구 감독: 아, 누구의 의견이 가장 적절한 의견인가요? 여러분, 제발 저 좀 도와주세요.

3 ○○ 농구 팀 감독의 고민으로 알맞은 것에 ○표 하세요.

(1) 팬들에게 가장 인기 있는 감독이 되는 것 ······························(　　　)

(2) 감독이 된 이후 경기에서 계속 지고 있는 것 ···························(　　　)

(3) 감독이 된 지 한 달밖에 되지 않아서 무엇을 해야 할지 모르는 것 ········(　　　)

4 농구 감독이 ㉠과 같이 말한 까닭으로 알맞은 것에 ○표 하세요.

경기를 할 때마다 지고 있어서	팬들이 자신을 알아볼까 봐 부끄러워서	자신이 있으면 선수들이 긴장할 것 같아서
( )	( )	( )

5 이 글의 내용으로 알맞지 <u>않은</u> 것은 무엇인가요? (   )

① 하성만은 선수들이 체력과 정신력을 길러야 함을 강조하였다.
② 구원해는 선수들에게 기본부터 충실하게 가르쳐야 한다고 하였다.
③ 신나라는 팬들이 경기장에 없어야 농구 시합에서 이길 수 있다고 하였다.
④ 농구 감독은 농구 경기에서 이길 수 있는 방법에 대한 의견을 구하고 있다.
⑤ 고민중은 선수들끼리 합심하기 위해 일 년 내내 같이 생활해야 한다고 하였다.

6 각 의견의 적절성을 판단한 내용으로 알맞은 것은 무엇인가요? (   )

① 신나라의 의견은 문제 상황을 해결하는 데 알맞으므로 적절하다.
② 하성만의 의견은 자신의 농구 선수 생활에 대한 자랑이므로 적절하다.
③ 구원해의 의견은 문제 상황에도 알맞고 실천도 가능하므로 적절하다.
④ 고민중의 의견은 문제 상황에도 알맞지 않고 실천하기도 어려우므로 적절하지 않다.
⑤ 실천 가능한 의견을 제시한 사람은 구원해, 신나라이므로 두 사람의 의견만 적절하다.

7 알맞은 말에 ○표 하여, 이 글의 내용을 정리해 보세요.

> 농구 감독은 경기에서 (골을 잘 넣는, 이길 수 있는) 방법에 대한 의견을 듣고자 하였고, 구원해, 하성만, 고민중, 신나라가 각각 자기의 의견을 말하였습니다.

공통된 한자가 붙는 말

○ 다음 그림과 낱말의 뜻을 보고, 공통된 한자가 붙는 말을 보기 에서 골라 빈칸에 알맞게 쓰세요.

보기   간담회   송년회   야유회

가을 ☐☐☐ 로 산에 단풍을 보러 갔다.
└ 친목을 위하여 야외에 나가서 노는 모임.

가족들과 12월 31일에 ☐☐☐ 를 했다.
└ 연말에 가족이나 친구 등과 함께 한 해를 보내면서 벌이는 모임.

새 학기를 맞아 학부모 ☐☐☐ 를 개최했다.
└ 친근하게 서로 의견을 나누는 모임.

이 낱말들에는 공통으로 '회'가 들어 있어요. 한자 '회(會)'는 어떤 말의 뒤에 붙어서 '모임'이라는 뜻을 더해 주는 말이에요.

2주 4일
정답 확인

오늘 나의 실력을 평가해 봐!

🔊 부모님 응원 한마디

의견의 적절성 판단하기 ❺

2주 5일

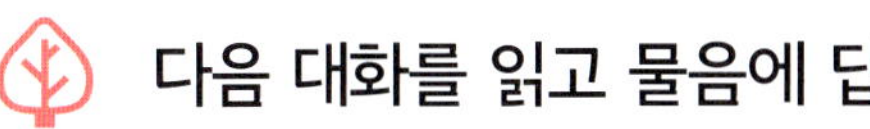 다음 대화를 읽고 물음에 답해 봅시다.

소희: 지금부터 '자리를 어떻게 정할 것인가?'에 대하여 이야기를 시작하겠습니다. 손을 들어 의견을 발표하여 주시고, 다른 사람의 말을 끝까지 들어 주시기 바랍니다. 한준서 학생이 발표하여 주십시오.

준서: 일찍 오는 순서대로 앉고 싶은 자리에 앉았으면 좋겠습니다. 친한 친구와 앉고 싶은 자리에 같이 앉을 수 있기 때문입니다.

소희: 이민재 학생이 발표하여 주십시오.

민재: 저는 키 순서대로 앉아야 한다고 생각합니다. 키 순서대로 앉으면 키가 작은 사람도 칠판을 잘 볼 수 있을 것입니다.

1 주제에 대한 준서와 민재의 의견을 찾아 선으로 이으세요.

준서	•	•	키 순서대로 앉자.
민재	•	•	일찍 오는 순서대로 앉자.

2 준서와 민재의 의견이 적절한지 바르게 판단한 친구의 이름을 쓰세요.

석원: 나는 민재보다 준서와 더 친해. 따라서 민재의 의견은 적절하지 않다고 생각해.

수영: 준서의 의견대로 하면 친구들끼리 다툼이 벌어질 수도 있어. 따라서 준서의 의견은 적절하지 않다고 생각해.

(   )

회장: 학급 회의에서 의논하고 싶은 안건이 있으신 분은 발표하여 주시기 바랍니다.

준서: 우리 학교의 운동장은 좁은 편입니다. 반면에 운동장을 사용하는 학생은 많습니다. 그러다 보니 운동장을 사용하고 싶어도 사용하지 못하고, 운동장을 사용할 때 서로 부딪혀 사고가 날 수도 있습니다. 따라서 운동장을 어떻게 사용하면 좋을지에 대하여 함께 의논하고 싶습니다.

회장: 네, 한준서 학생이 운동장을 어떻게 사용하면 좋을지에 대하여 안건을 제안하셨습니다. 다른 분들은 어떻게 생각하십니까?

다 같이: 재청합니다.

회장: 네, 재청이 있으므로 한준서 학생의 의견을 토의 사항 의제로 선정합니다. 각자 의견을 말씀하여 주시기 바랍니다.

준서: 저는 요일별로 한 학년씩 정하여 운동장을 사용하면 좋겠습니다. 그래야 운동장을 사용하는 순서가 공평하게 돌아가니까요.

민재: 저는 운동장을 여러 구역으로 나누어 학년마다 사용할 공간을 다르게 정하면 좋겠습니다. 그러면 각 학년이 운동장을 사용하는 기회가 늘어날 것입니다.

연희: 저도 운동장을 사용하는 순서가 공평한지 따져 보는 것이 필요하다고 생각합니다. 하지만 저학년과 고학년의 차이도 고려해야 한다고 생각합니다. 고학년 학생들은 저학년 학생들에 비하여 움직임이 크기 때문에 더 넓은 공간이 필요합니다. 그러므로 하루 중에 운동장을 사용하는 시간을 학년마다 다르게 하면 어떨까 합니다. 그렇게 하면 저학년 학생들이 수업을 마친 뒤 오후 시간에 고학년 학생들이 운동장을 넓게 사용할 수 있으므로 저학년과 고학년의 차이를 고려할 수 있다고 생각합니다.

회장: 다른 의견은 더 없으십니까? (잠시 뒤) 네, 그럼 이 ㉠세 가지 의견 가운데에서 어떤 의견이 가장 적절한지 말씀하여 주시기 바랍니다.

3 학급 회의에서 정한 의제는 무엇인지 빈칸에 알맞은 말을 쓰세요.

> (　　　　　　　　　　)을 사용하는 방법 정하기

4 문제 상황에 대한 학생들의 의견과 그 까닭을 찾아 선으로 이으세요.

학생	의견	까닭
준서	구역을 나누어 사용하자.	저학년과 고학년의 차이를 고려할 수 있기 때문이다.
민재	하루 중 시간을 나누어 사용하자.	운동장을 사용하는 순서가 공평하게 돌아가기 때문이다.
연희	요일을 정하여 사용하자.	운동장을 사용하는 기회가 늘어나기 때문이다.

5 ㉠에 대해 가장 적절한 까닭을 들어 말한 친구의 이름을 쓰세요.

보성: 준서의 의견이 가장 적절해. 하루에 한 학년씩 운동장을 사용하는 것이 공평하기 때문이야.

혜린: 민재의 의견이 가장 적절해. 운동장이 좁아서 구역을 나누어 쓰는 것은 당연하기 때문이야.

재우: 연희의 의견이 가장 적절해. 사용 순서가 공평하게 돌아갈 뿐만 아니라 저학년과 고학년의 차이도 고려할 수 있기 때문이야.

(　　　　　　)

6 빈칸에 알맞은 말을 써서, 이 대화의 내용을 정리해 보세요.

학교 　□□□ 을 사용하는 방법을 어떻게 정할지에 대하여 의논을 하고 있습니다.

소리는 같지만 뜻이 다른 낱말

○ 다음 밑줄 친 낱말의 알맞은 뜻을 찾아 빈칸에 기호를 쓰세요.

사고
⊙ 예상하지 못하게 일어난 좋지 않은 일.
ⓒ 어떤 것에 대하여 깊이 있게 생각함.

자동차 <u>사고</u>가 발생했다.
(   )

논리적 <u>사고</u>가 필요한 문제이다.
(   )

시장
⊙ 시를 다스리는 최고 책임자.
ⓒ 여러 가지 상품을 사고파는 곳.

<u>시장</u>이 자리에 앉아 있다.
(   )

<u>시장</u>에서 사람들이 장을 보고 있다.
(   )

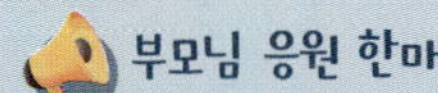

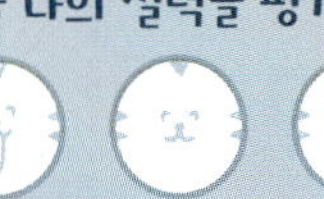
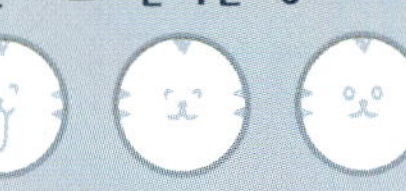
오늘 나의 실력을 평가해 봐!   📢 부모님 응원 한마디

일의 순서 파악하며 읽기 ❶

다음 중 일의 순서를 드러내는 말에 ○표 하세요.

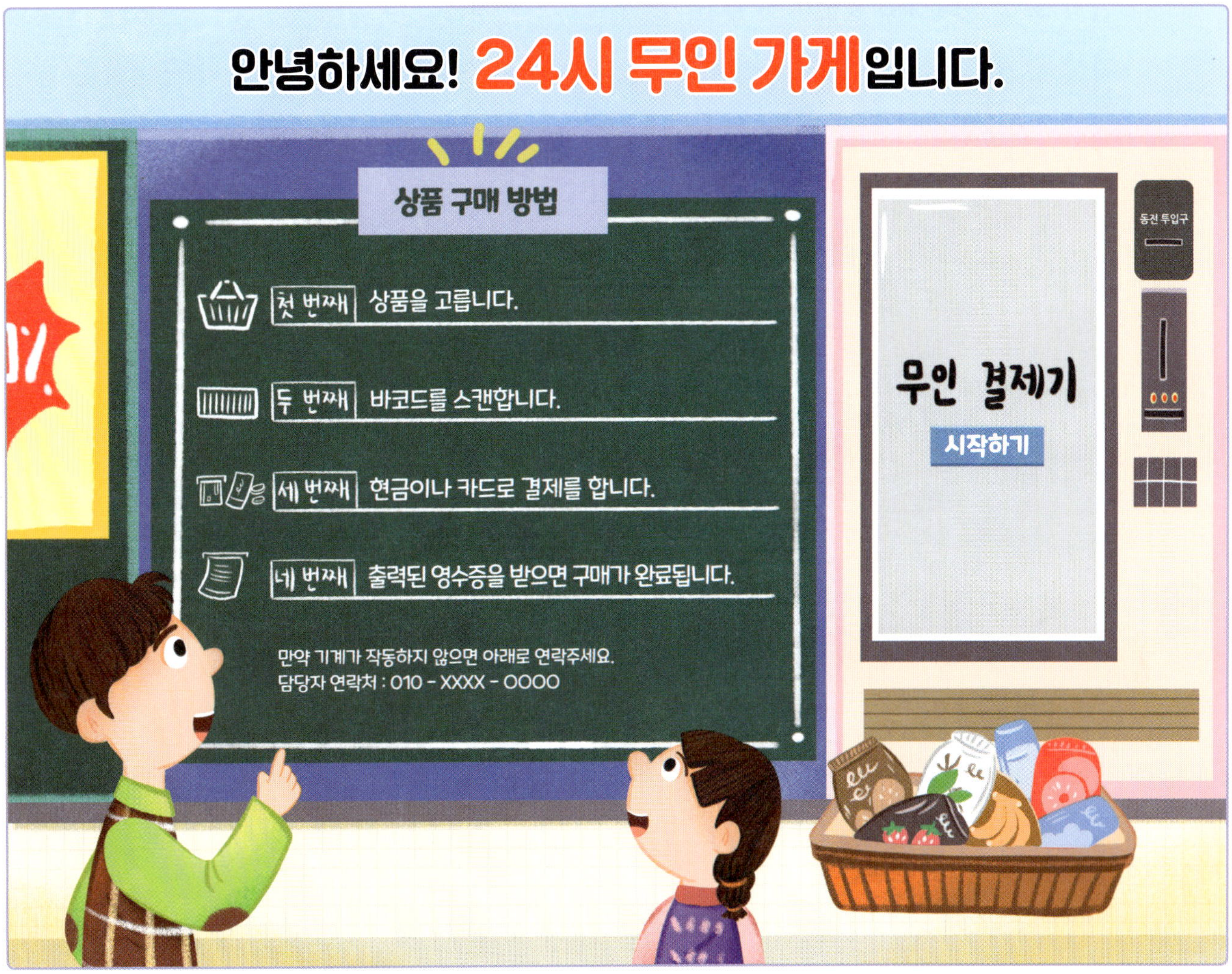

일의 순서를 드러내는 말은 (첫 번째, 만약)입니다.

우리 주변에는 일의 순서가 드러나는 글이 있어요. 글에 나타난 일의 순서를 파악하면 글에서 설명하는 것을 정확히 이해할 수 있어요. 또, 일의 순서를 간추리고 정리하면 글의 내용을 잘 기억할 수도 있고, 순서에 따라 실행하여 결과를 달성하거나 과제를 완성할 수도 있어요. 자, 이제 일의 순서를 파악하며 글을 읽는 연습을 해 볼까요?

1 다음 글을 읽고, 일의 순서를 파악해 보세요.

- 첫째, 씨앗과 물뿌리개, 화분, 팻말, 꽃삽, 거름흙, 작은 돌을 준비한다.
- 둘째, 물이 잘 빠지도록 작은 돌로 화분 바닥의 구멍을 엉성하게 막는다.
- 셋째, 화분에 거름흙을 $\frac{3}{4}$ 정도 채운다.
- 넷째, 씨앗 크기의 2배에서 3배 깊이로 씨앗을 심는다.
- 다섯째, 물뿌리개로 충분히 물을 준다.
- 여섯째, 팻말에 심은 식물의 이름, 심은 날짜, 심은 사람의 이름을 적고 화분에 꽂은 뒤 햇빛이 잘 비치는 곳에 둔다.

💡 '첫째', '둘째'나 '먼저', '마지막으로' 등과 같이 일의 순서를 드러내는 말이 있는지 살펴보세요.

이 글에서 일의 순서를 드러내는 말을 두 가지 고르세요. (　　　,　　　)

① 둘째　　　② $\frac{3}{4}$　　　③ 2배　　　④ 3배　　　⑤ 다섯째

이 글을 읽고 화분에 씨앗을 심으려고 할 때 가장 먼저 확인할 일로 알맞은 것에 〇표 하세요.

준비물이 다 있는지 확인해야겠어.	물을 충분히 주었는지 확인해야겠어.
(　　　)	(　　　)

이 글을 읽고 화분에 씨앗을 심는 순서에 맞게 번호를 쓰세요.

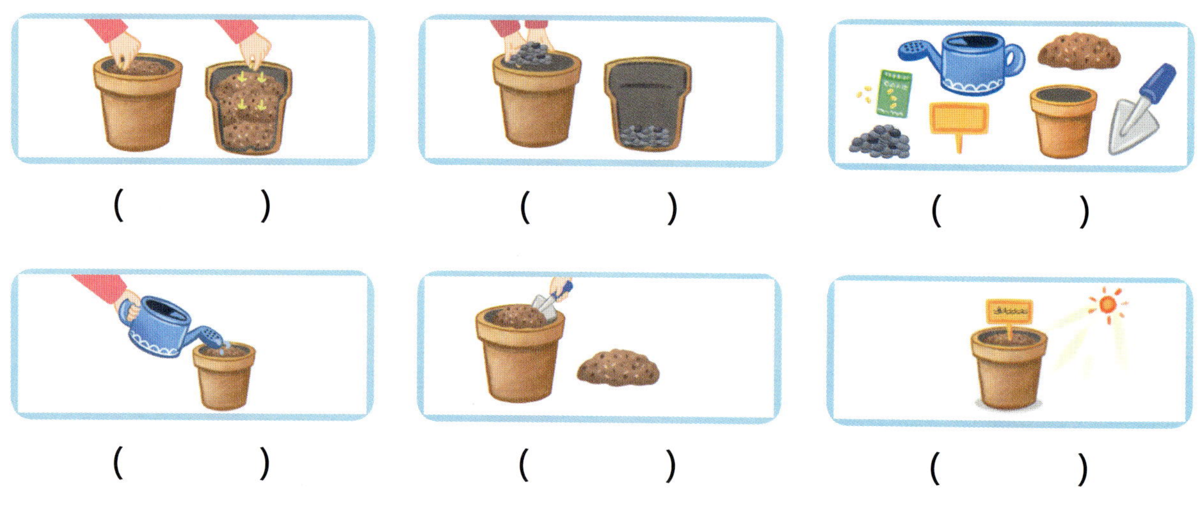

(　　　)　　　(　　　)　　　(　　　)

(　　　)　　　(　　　)　　　(　　　)

 **2** 다음 글을 읽고, 일의 순서를 파악해 보세요.

첫 번째, A4 용지를 세로 방향으로 길게 접었다가 펼친다. 비행기가 잘 날게 하려면 꼭꼭 눌러 접어야 한다. 두 번째, 가운데 선에 맞춰 삼각형 모양으로 양 모서리를 접는다. ㉠세 번째, 접은 부분을 아래로 3센티미터 정도 공간을 남겨 두고 내려 접는다. 네 번째, 한 번 더 삼각형 모양으로 양 모서리를 접는다. 다섯 번째, 접은 부분 아래에 있는 역삼각형을 위로 접어 올린다. 여섯 번째, 접은 방향의 반대 방향으로 크게 반으로 접는다. 일곱 번째, 종이의 바깥 선에 맞춰 날개 모양을 접는다. 여덟 번째, 완성된 비행기의 모양을 예쁘게 정리하여 잘 나는지 날려 본다.

 이 글에서 설명하는 내용은 무엇인가요? (   )

① 종이배 접는 방법　　　　　　② 종이꽃 접는 방법
③ 종이비행기 접는 방법　　　　④ 장난감 비행기 조립 방법
⑤ 비행기 그림 그리는 방법

 ㉠의 내용에 알맞은 그림은 무엇인가요? (   )

① 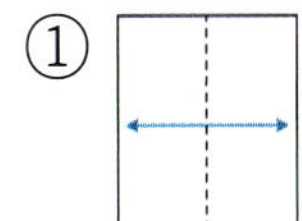　② 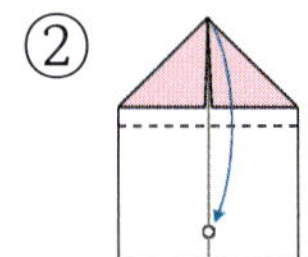　③ 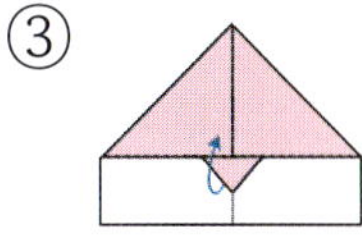　④ 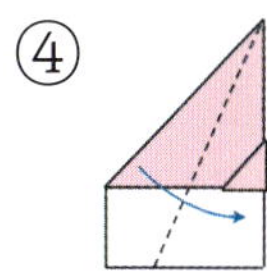　⑤ 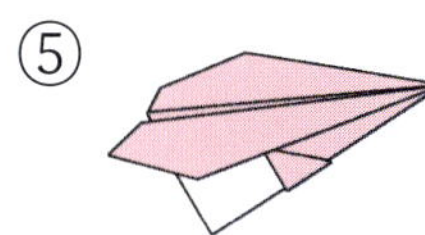

 💡 그림이 제시된 경우 글을 읽으며 순서에 맞는 그림을 찾아 정리해 보세요.
이 글에서 알려 주는 일의 순서에 맞게 번호를 쓰세요.

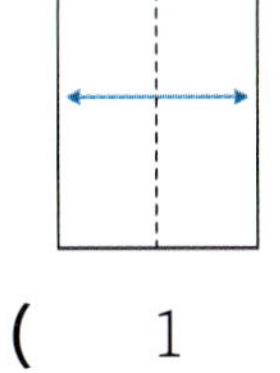　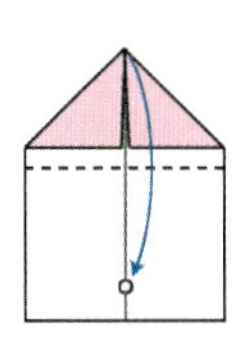　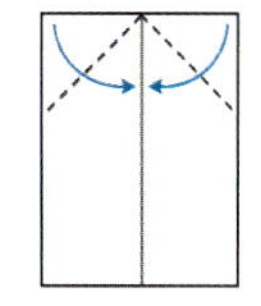　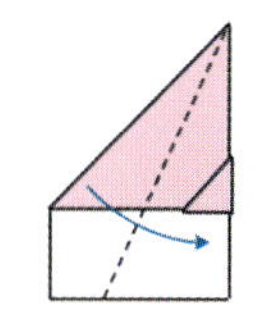

(　1　)　　　　(　　　)　　　　(　　　)　　　　(　　　)

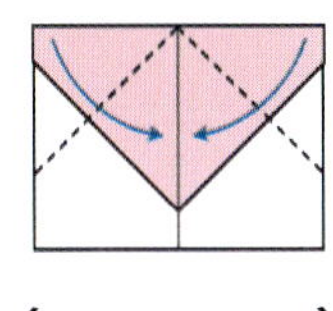　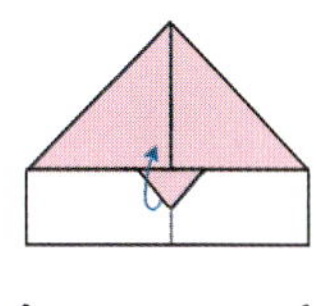　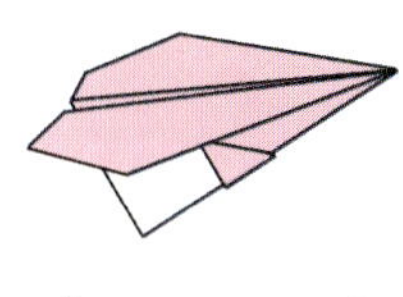

(　　　)　　　　(　　　)　　　　(　　　)　　　　(　8　)

뜻이 반대되는 말

● 다음 그림을 보고, 문장에 어울리는 말을 골라 ○표 하세요.

비가 와서 우산을 (접다, 펼치다).

비가 그쳐서 우산을 (접다, 펼치다).

장난감 블록을 (분해하다, 조립하다).

장난감 블록을 (분해하다, 조립하다).

3주 1일
정답 확인

오늘 나의 실력을 평가해 봐!

부모님 응원 한마디

일의 순서 파악하며 읽기 ②

🌳 다음 글을 읽고 물음에 답해 봅시다.

먼저, 깨끗한 종이를 한 장씩 준비합니다. 종이는 마음 전달식을 함께할 사람 수에 맞추어 알맞은 크기로 준비합니다.

그리고 종이 가운데에 자신의 이름을 씁니다. 이름에 어울리게 그림을 그려서 꾸며도 좋습니다.

그런 다음, 종이를 돌리면 종이 가운데에 이름이 적힌 친구에게 하고 싶은 말과 쓴 사람의 이름을 돌아가면서 씁니다. 평소 표현하지 못하였던 마음을 글로 담아 전합니다.

끝으로, 마지막에 글을 쓴 친구가 종이 가운데에 이름이 적힌 친구에게 종이를 돌려줍니다. 종이를 받은 사람은 자신에게 전해진 친구들의 마음을 헤아려 봅니다.

1 이 글에 쓰인 일의 순서를 드러내는 말이 <u>아닌</u> 것을 두 가지 고르세요. (　　　,　　　)

① 먼저　　　② 우선　　　③ 끝으로　　　④ 그런 다음　　　⑤ 마지막으로

2 '마음 전달식'의 마지막 순서로 알맞은 것은 무엇인가요? (　　　　)

① 깨끗한 종이를 한 장 준비한다.
② 종이 가운데에 자신의 이름을 쓴다.
③ 예쁘게 꾸민 종이를 친구들 사이에 돌린다.
④ 종이 가운데에 이름이 적힌 친구에게 종이를 돌려준다.
⑤ 받은 종이에 적힌 이름을 확인하고 마음을 담아 글을 쓴다.

우리 이제부터 ㉮'무궁화꽃이 피었습니다' 놀이를 할 거야. 그런데 네가 그 놀이를 모른다고 하니 내가 알려 줄게.

첫째, 가위바위보를 해서 진 사람을 정해. ☐ ㉠ ☐, 진 사람은 술래가 되어 벽이나 전봇대, 나무 등을 보고 서고, 다른 친구들은 20걸음쯤 뒤에서 출발선을 긋고 그 뒤에서 기다려. 셋째, 술래는 "무궁화꽃이 피었습니다."를 외치고 고개를 돌려 나머지 친구들을 쳐다봐. 나머지 친구들은 술래가 "무궁화꽃이 피었습니다."를 외치는 동안 재빨리 술래를 향해 앞으로 나아가. ☐ ㉡ ☐, 술래가 뒤돌아보았을 때 움직인 사람은 술래에게 잡혀서 술래와 새끼손가락을 걸고 서 있는 거야. 술래에게 걸린 사람이 나올 때마다 앞사람의 새끼손가락을 걸고 기다려. 다섯째, 술래 앞까지 걸리지 않고 가게 된 사람이 술래와 걸고 있던 새끼손가락을 쳐서 끊어지게 만들어. 여섯째, 술래를 제외한 친구들 모두 출발선으로 도망가고 술래는 출발선으로 도망가기 전에 친구들을 잡아야 해. 출발선에 도착하기 전에 술래에게 잡힌 사람은 다음번 놀이의 술래가 되고 만약 아무도 잡히지 않으면 술래가 다시 술래가 되는 거야.

이제 알겠지? 자, 그럼 알려 준 대로 ☐ ㉢ ☐부터 하자.

3 아이는 친구들과 무슨 놀이를 하려고 하나요? (   )

① 윷놀이   ② 공기놀이   ③ 보물찾기
④ 숨바꼭질   ⑤ 무궁화꽃이 피었습니다

4 아이가 놀이 방법을 설명하는 까닭을 알맞게 말한 친구의 이름을 쓰세요.

> 예솔: 놀이 이름의 유래를 알아보기 위해서
> 누리: 체육 시간에 할 놀이를 준비하기 위해서
> 성규: 술래가 되는 사람을 다시 정하기 위해서
> 태이: 놀이를 모르는 친구에게 놀이 방법을 알려 주기 위해서

(   )

5 개를 하는 방법을 정리한 내용 중 알맞지 <u>않은</u> 것은 무엇인가요? (   )

> ① 먼저 가위바위보를 해서 술래를 정한다. ② 술래는 벽이나 나무 등을 보고 서고, 나머지 친구들은 출발선 뒤에서 기다린다. ③ 이 상태에서 놀이를 하는 모두가 다 함께 "무궁화꽃이 피었습니다."를 외친다. ④ 술래가 아닌 친구들은 술래가 "무궁화꽃이 피었습니다."를 외치는 동안 앞으로 나아간다. ⑤ 술래가 "무궁화꽃이 피었습니다."를 외치고 뒤돌아보았을 때 움직인 사람은 술래에게 잡힌다.

6 다음번에 술래가 되는 사람으로 알맞은 것에 ○표 하세요.

술래가 뒤돌아보았을 때 움직인 사람 ☐	술래와 걸고 있던 새끼 손가락을 친 사람 ☐	출발선에 도착하기 전에 술래에게 잡힌 사람 ☐

7 ㉠, ㉡에 들어갈 일의 순서를 드러내는 말을 보기 에서 찾아 쓰세요.

> 보기   첫째   우선   둘째   처음에는   셋째   끝으로   넷째

(1) ㉠: (   )   (2) ㉡: (   )

8 ㉢에 들어갈 낱말로 알맞은 것을 이 글에서 찾아 쓰세요.

(   )

한 문장 마무리

9 빈칸에 알맞은 말을 써서, 이 글의 내용을 정리해 보세요.

'☐☐☐☐☐☐☐☐☐☐' 놀이를 하는 방법을 설명하고 있습니다.

움직임을 나타내는 말

○ 다음 그림을 보고, 움직임을 나타내는 말을 보기 에서 골라 빈칸에 알맞게 쓰세요.

보기   나아가다   외치다   잡히다   쳐다보다

도둑이 경찰에게 ☐☐☐.

배가 앞으로 천천히 ☐☐☐☐.

야구장에서 응원 구호를 ☐☐☐.

술래가 고개를 돌려 뒤를 ☐☐☐☐.

일의 순서 파악하며 읽기 ❸

🌳 **다음 글을 읽고 물음에 답해 봅시다.**

내가 보낸 우편물은 어떤 과정을 통해서 받는 사람에게 전해질까요?

첫 번째, 우리 동네 우체국에서 내가 보낸 우편물을 가까운 우편 집중국으로 보내요. 두 번째, 우편 집중국에 모인 여러 우편물을 배달할 지역별로 나누어요. 세 번째, 받는 사람이 사는 동네에서 가까운 우편 집중국으로 우편물이 전달되어요. 네 번째, 우편 집중국에서 우편물을 받는 사람이 사는 동네 우체국으로 다시 보내요. 다섯 번째, 담당 우편집배원이 우편물을 주소대로 나누어 정리한 후 받는 사람에게 배달해요.

1 다음은 우편물이 전달되는 순서를 정리한 것입니다. 각각의 내용에 알맞은 말을 찾아 ◯표 하세요.

┌───┐
우편물을 (받는, 보내는) 사람의 동네 우체국에서 가까운 우편 집중국으로 보냄.
└───┘

┌───┐
우편 집중국에서 우편물을 (배달 지역, 편지 봉투 색깔)별로 나눔.
└───┘

┌───┐
(받는, 보내는) 사람의 동네에서 가까운 우편 집중국으로 우편물이 전달됨.
└───┘

┌───┐
동네 우체국에 도착한 우편물을 우편집배원이
(이름, 주소)대로 정리하여 받는 사람에게 배달함.
└───┘

청소를 잘하려면 다음과 같은 순서를 지키는 것이 좋습니다.

첫 번째, 빗자루와 걸레, 먼지떨이 등 청소 도구를 준비합니다. 청소를 할 때에는 옷이 더러워질 수 있으므로 오염 물질이 쉽게 지워질 수 있는 옷으로 갈아입는 것이 좋겠지요.

두 번째, 창문을 열어 환기를 시킵니다. 미세 먼지가 많은 요즈음, 창밖의 공기가 오히려 실내 공기를 오염시키지는 않을지 미리 그날의 미세 먼지 수치를 확인해 보는 것도 필요합니다.

세 번째, 물건을 정리합니다. 바닥이나 가구 위에 여러 물건들이 놓여 있다면 먼지를 쓸거나 닦을 때에 시간이 오래 걸리고 힘이 듭니다. 청소하기 좋도록 어지럽게 놓인 물건들은 미리 치워 둡니다.

네 번째, 먼지떨이로 먼지를 떨어냅니다. 가구 위나 평소 손이 잘 닿지 않는 부분에는 먼지가 많이 쌓여 있습니다. 바닥을 쓸기 전에 이 먼지를 가볍게 떨어 줍니다. 먼지를 떨 때에 먼지를 마시지 않도록 미리 마스크를 쓰는 것도 잊지 마세요.

다섯 번째, 바닥을 쓿니다. 빗자루로 한 방향에서 다른 방향으로 차분히 쓸어 가면서 바닥에 쌓인 먼지와 크고 작은 쓰레기들을 쓰레받기에 모읍니다. 청소기를 쓸 때에도 종이나 비닐 등 큰 쓰레기가 있다면 진공청소기가 고장 나기 쉬우므로 미리 빗자루로 쓰는 것이 좋습니다.

여섯 번째, 걸레로 가구와 바닥을 닦습니다. 빗자루로 미처 다 쓸어 내지 못한 작은 먼지들은 물걸레로 닦아야 깨끗이 닦입니다.

2 이 글은 어떤 과정을 설명하고 있나요? (   )

① 청소하는 방법   ② 걸레를 빠는 방법   ③ 마스크 착용 방법

④ 진공청소기 사용 방법   ⑤ 미세 먼지 수치 확인 방법

3 이 글에서 일의 순서를 드러내는 말로 쓰인 것은 무엇인가요? (   )

① 우선   ② 끝으로   ③ 네 번째   ④ 처음에는   ⑤ 다음으로

4 다음은 이 글의 내용을 일의 순서대로 정리한 것입니다. ㉠~㉤에 들어갈 내용을 보기 에서 찾아 쓰세요.

5 이 글을 읽고 느낀 점으로 알맞지 <u>않은</u> 것은 무엇인가요? (   )

① 작은 먼지들까지 깨끗이 닦아 내려면 물걸레질을 해야겠어.

② 청소를 하기 전에 어질러진 물건을 미리 치워 두면 청소하기 수월하겠어.

③ 날씨가 추울 때는 미세 먼지 수치에 관계없이 문을 닫고 청소를 해야겠어.

④ 청소기를 사용하기 전에 미리 빗자루로 큰 쓰레기를 쓸어서 치워 두어야겠어.

⑤ 청소를 할 때는 오염 물질이 쉽게 지워질 수 있는 옷으로 미리 갈아입어야겠어.

6 알맞은 말에 ○표 하여, 이 글의 내용을 정리해 보세요.

(청소를 하는 방법, 청소를 해야 하는 까닭)에 대하여 설명하는 글입니다.

잘못 쓰기 쉬운 말

◉ 다음 그림을 보고, 빈칸에 들어갈 말을 맞춤법에 맞게 쓴 것을 골라 ○표 하세요.

먼지를 (   )에 담아 휴지통에 버렸다.

쓰레받기   쓰레받이

(   )로 방바닥을 닦다.

걸래   걸레

(   )로 가구 위에 쌓인 먼지를 제거했다.

먼지떨이   먼지털이

아버지께서는 (   )로 마당에 있는 낙엽을 쓸고 계신다.

비자루   빗자루

오늘 나의 실력을 평가해 봐!    부모님 응원 한마디

🌳 다음 글을 읽고 물음에 답해 봅시다.

　도서관에서 책을 빌려 보려면 도서 대출을 해야 합니다. 지금부터 도서 대출 방법을 소개하겠습니다.

　먼저, 여러분이 읽고 싶은 책을 책장에서 찾습니다. ㉠우리 주변에는 책을 읽지 않는 사람도 많습니다. 책을 찾지 못하면 도서 검색대를 이용합니다. 책을 찾고 나면 사서 선생님께 도서 대출증과 책을 보여 드리고 대출을 합니다. 마지막으로, 책을 읽은 뒤에 날짜를 지켜 반납합니다.

　읽고 싶은 책이 있을 때에는 제가 알려 드린 것처럼 도서관에 가서 책을 빌려 보세요. 누구나 쉽게 책을 빌려 읽을 수 있답니다.

1 이 글을 읽고 도서를 대출하는 방법을 순서에 맞게 정리하여 기호를 쓰세요.

> ㉮ 읽고 싶은 책을 책장에서 찾기
> ㉯ 책을 읽은 뒤에 날짜를 지켜 반납하기
> ㉰ 책을 찾지 못할 경우에는 도서 검색대 이용하기
> ㉱ 책을 찾아 사서 선생님께 도서 대출증과 함께 책을 보여 드리고 대출하기

(　　　) ➡ (　　　) ➡ (　　　) ➡ (　　　)

2 ㉠이 이 글에 어울리지 않는 까닭으로 알맞은 것에 ○표 하세요.

(1) '도서 대출 방법'에 관한 내용이 아니기 때문이다. ･････････････････ (　　)

(2) '도서 검색대 이용 규칙'에 관한 내용이 아니기 때문이다. ･･･････････ (　　)

다음 글을 읽고 물음에 답해 봅시다.

잡채는 제가 가장 좋아하는 음식이에요. 그동안 어머니를 졸라 잡채를 해 달라고 하여 먹었는데 이번에는 어머니께 잡채 만드는 방법을 배워 가며 직접 만들어 보았어요.

☐ ⊙ ☐, 재료를 준비합니다. 잡채에 들어갈 재료에는 당면, 당근, 양파, 표고버섯, 목이버섯, 시금치, 쇠고기 등이 있습니다. 재료는 다듬어서 씻으세요. 재료 준비가 끝나면 다음 순서에 따라 잡채를 만듭니다.

첫째, 당면을 끓는 물에 10~12분 정도 삶은 후 찬물에 헹구고 물기를 빼 둡니다.

둘째, 당근, 양파, 표고버섯은 같은 길이와 두께로 채 썰어 주세요.

셋째, 적당한 크기로 자른 목이버섯, 표고버섯, 쇠고기를 그릇에 담고 간장, 설탕, 후춧가루, 깨소금, 참기름, 다진 마늘을 넣고 버무려서 둡니다.

넷째, 끓는 물에 데친 시금치는 참기름과 소금으로 양념하여 두세요.

다섯째, 달군 팬에 식용유를 두르고, 양파, 당근 순서로 소금으로 간하며 각각 볶아 둡니다. 이때, 살짝 숨이 죽을 정도로만 볶아야 색이 살아 있는 잡채가 된답니다.

여섯째, 버섯과 쇠고기를 센불에서 물기가 없어질 때까지 달달 볶아요.

일곱째, 프라이팬에 삶아 둔 당면을 넣고 간장, 설탕, 참기름을 넣어 간이 밸 때까지 젓다가 나머지 볶아 둔 재료들을 모두 넣어 버무리세요.

마지막으로, 그릇에 먹음직스럽게 담아 통깨를 뿌려서 상에 올리면 됩니다. 보기만 해도 침이 꿀꺽 넘어가지요? 여러분도 집에서 잡채 한번 만들어 보세요.

3 무엇을 만드는 과정을 설명하고 있는지 이 글에서 찾아 빈칸에 쓰세요.

(   )

4 글쓴이에 대한 설명으로 알맞은 것에 ○표 하세요.

(1) 어머니께서 가장 좋아하시는 잡채를 직접 만들어 보았다. ·················(   )

(2) 어머니께 잡채 만드는 방법을 배워서 잡채를 직접 만들어 보았다. ·········(   )

5 ㉠에 들어갈 일의 순서를 드러내는 말은 무엇인가요? (   )

① 먼저　　　　　　② 첫째　　　　　　③ 그런데
④ 끝으로　　　　　⑤ 다음으로

6 이 글에서 설명한 요리를 따라서 만들 때, 알맞지 <u>않은</u> 것은 무엇인가요? (   )

① 당면을 끓는 물에 삶아 헹군 후 물기를 뺀다.
② 음식이 완성되면 그릇에 담아 통깨를 뿌려 상에 올린다.
③ 시금치는 끓는 물에 데친 후, 소금과 참기름으로 양념한다.
④ 달군 팬에 식용유를 두르고, 양파, 당근 순서로 간을 하며 볶는다.
⑤ 버섯과 쇠고기는 약한 불에 볶아야 하며, 물기가 많은 것이 좋다.

7 이 글을 읽고 ㉮~㉽를 순서대로 정리하여 기호를 쓰세요.

㉮ 재료 준비하기	㉵ 팬에 식용유를 두르고 양파, 당근 볶기
㉯ 데친 시금치를 양념해 두기	㉶ 프라이팬에 삶은 당면을 넣고 나머지 볶은 재료를 모두 넣어 버무리기
㉰ 당근, 양파, 표고버섯 채 썰기	
㉱ 당면 삶기	㉷ 버섯과 쇠고기 볶기
㉲ 적당한 크기로 자른 버섯과 쇠고기에 양념을 넣어 재워 두기	㉽ 잡채를 그릇에 담아 통깨를 뿌려서 상에 올리기

㉮ ➡ (　　) ➡ (　　) ➡ (　　) ➡ (　　) ➡ (　　) ➡ (　　) ➡ (　　) ➡ ㉽

한 문장 마무리

8 알맞은 말에 ○표 하여, 이 글의 내용을 정리해 보세요.

> 잡채를 (만드는, 보관하는) 방법을 설명하는 글입니다.

조리와 관련된 말

○ 다음 그림을 보고, 밑줄 친 말의 알맞은 뜻을 찾아 선으로 이으세요.

고기를 양념에 <u>재우다</u>.

끓는 물에 잠깐 넣어 살짝 익히다.

재료들을 넣고 <u>버무리다</u>.

고기나 채소 등을 여러 번 칼질하여 잘게 만들다.

끓는 물에 시금치를 <u>데치다</u>.

여러 가지를 한곳에 넣어 골고루 뒤섞다.

마늘을 <u>다지다</u>.

음식을 양념하여 그릇에 차곡차곡 담아 두다.

일의 순서 파악하며 읽기 ❺

🌳 다음 글을 읽고 물음에 답해 봅시다.

시력 검사 결과 안내장

샛별 초등학교에서는 3월 25일에 시력 검사를 실시하였습니다. (송민주) 어린이의 시력은 왼쪽 눈 1.2, 오른쪽 눈 0.5입니다. 시력이 나빠지지 않도록 평상시에 눈 운동을 생활화합시다.

• 안과 검진이 필요한 경우

먼저, 시력이 좋지 않은(한쪽 시력이라도 0.6보다 낮은 경우) 어린이는 안과에 가서 정확한 검진을 다시 받으십시오.

다음으로, 의사 선생님의 처방에 따라 안경을 맞추십시오.

끝으로, 의사 선생님의 소견서를 학교에 제출하세요.

2000. 4. 12.

샛별 초등학교장

1 민주는 어떤 검사의 결과지를 받았나요? 이 글에서 찾아 쓰세요.

(   )

2 빨간색으로 쓴 부분을 주의 깊게 읽고, 민주가 해야 할 행동을 순서대로 찾아 번호를 쓰세요.

의사 선생님의 소견서를 학교에 제출해야 해.	안과에 가서 정확한 검진을 받아야겠어.	안경을 맞추러 안경점에 들러야겠어.
( )	( )	( )

⊙ ㉠

불이 났을 때, 소화기가 있어도 사용 방법을 알지 못하면 불을 끌 수가 없겠지요? 분말 소화기 사용 방법은 널리 알려졌으니 여기에서는 옥내 소화전 사용 방법과 투척용 소화기 사용 방법을 알려 드리겠습니다.

먼저 옥내 소화전 사용 방법을 알려 드리겠습니다. 옥내 소화전은 아파트나 빌딩 등 큰 건물에 있습니다. 긴 호스를 끌어다 사용해야 하므로 두세 명 정도 같이 움직이면 더욱 좋습니다.

첫째, 불이 나면 비상벨을 눌러 불이 났다는 것을 알리세요. "불이야, 불이야!" 소리를 지르는 것도 좋습니다. 둘째, 소화전 문을 활짝 열어 호스를 빼고 노즐을 잡습니다. 노즐은 물을 내  뿜는 구멍이 있는 부분입니다. 셋째, 소화전 밸브를 왼쪽으로  돌려 엽니다. 밸브는 물을 나오게 하거나 막는 장치입니다. 넷째, 불이 난 장소로 노즐을 가져가 불을 끕니다. 당황하지 말고 침착하게 불이 난 쪽으로 다가가세요. 호스를 가져갈 때에는 호스가 접히지 않도록 해야 빠르게 물이 나옵니다.

다음은 투척용 소화기 사용 방법입니다. 이것은 사용 방법이 훨씬 간단합니다. 첫째, 덮개를 벗깁니다. 이 소화기는 바닥에 떨어지면 쉽게 깨질 수 있기 때문에 항상 보호용 덮개가 있습니다. 이 덮개를 벗기는 것입니다. 둘째, 소화 약제를 꺼냅니다. 셋째, 불을 향해 던집니다.

㉡ 당부할 것은 소화기 사용 방법뿐 아니라 내가 살고 있는 건물에 소화기가 어디에 있는지 평소에 잘 알아 두는 것이 중요하다는 점입니다. 소화기가 놓여 있는 위치와 소화기 사용 방법을 잘 익혀 두어 언제 일어날지 모르는 화재에 대비합시다.

3 ㉠에 들어갈 이 글의 제목으로 알맞은 것에 ◯표 하세요.

(비상벨과 비상 전화, 소화전과 소화기) 사용 방법

4 옥내 소화전에 대한 설명으로 알맞지 <u>않은</u> 것은 무엇인가요? (   )

① 바닥에 떨어지면 쉽게 깨질 수 있다.
② 두세 명 정도 같이 사용하는 것이 좋다.
③ 호스가 접히지 않도록 해야 빠르게 물이 나온다.
④ 큰 건물에 있으며 긴 호스를 끌어다 사용해야 한다.
⑤ 소화전 밸브를 돌려 열지 않으면 물이 나오지 않는다.

5 ⓛ에 들어갈 일의 순서를 드러내는 말은 무엇인가요? (   )

① 우선　　　　② 첫째　　　　③ 그러나　　　　④ 왜냐하면　　　　⑤ 마지막으로

6 옥내 소화전과 투척용 소화기 사용 방법을 알맞게 정리한 것에 ○표 하세요.

옥내 소화전 사용 방법	불이 나면 비상벨을 눌러 불이 났다는 것을 알린다. → 소화전 문을 활짝 열어 호스를 빼고 노즐을 잡는다. → 소화전 밸브를 오른쪽으로 돌려 연다. → 불이 난 장소로 노즐을 가져가 불을 끈다.
투척용 소화기 사용 방법	보호용 덮개를 벗긴다. → 소화 약제를 꺼낸다. → 불을 향해 던진다.

(옥내 소화전 사용 방법, 투척용 소화기 사용 방법)

7 이 글을 읽고 느낀 점으로 알맞은 것에 ○표 하세요.

평소에 소화기의 위치와 사용 방법을 잘 알아 두어야겠어.	☐	불이 나면 사용법이 간단한 투척용 소화기만 사용해야겠어.	☐

8 빈칸에 알맞은 말을 써서, 이 글의 내용을 정리해 보세요.

옥내 ☐☐☐ 과 ☐☐☐ 소화기의 사용 방법을 설명하고 있습니다.

병원 및 약국과 관련된 말

● 다음 그림과 낱말의 뜻을 보고, 빈칸에 들어갈 알맞은 말을 보기 에서 골라 쓰세요.

보기	검진	접종	조제	처방

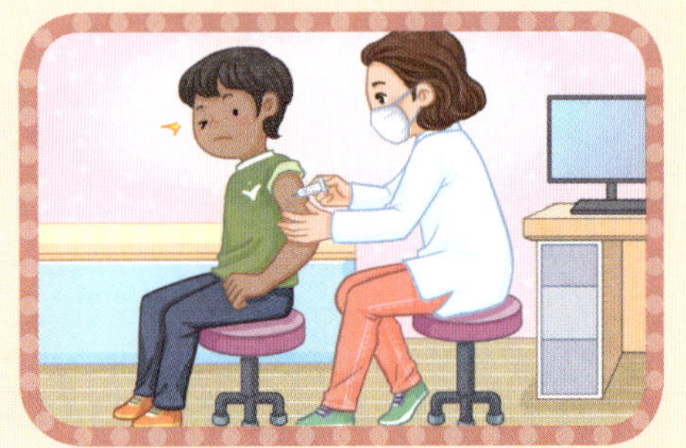

구강 ☐☐ 을 받았다.
└ 건강 상태를 검사하고 진찰하는 일.

독감 예방 ☐☐ 을 했다.
└ 병을 예방하거나 치료하기 위해 주사를 맞음.

의사의 ☐☐ 을 받아 약을 지으러 갔다.
└ 병을 치료하기 위해 약을 짓는 방법.

약사가 약을 ☐☐ 중이다.
└ 여러 가지 약품을 알맞게 섞어서 약을 지음.

오늘 나의 실력을 평가해 봐!

🦊 부모님 응원 한마디

____

4주 1일 이야기의 흐름 파악하기 ❶

🌱 ㉠~㉤을 이야기의 흐름에 알맞게 정리한 것을 골라 ⃝표 하세요.

㉠ 도깨비들이 방망이와 혹부리 영감의 혹을 바꾸어 감.

㉡ 혹부리 영감이 오두막에서 비를 피함.

㉢ 영감은 오두막에서 노래를 부르며 비가 그치기를 기다림.

㉣ 도깨비들은 영감이 혹 때문에 노래를 잘한다고 생각함.

㉤ 혹부리 영감이 나무를 하러 갔는데 비가 옴.

(㉤-㉡-㉢-㉣-㉠, ㉤-㉣-㉢-㉡-㉠)의 순서대로 일이 일어났습니다.

이야기는 인물이 벌인 일이나 인물에게 일어나는 일들인 사건으로 구성되어 있어요. 따라서 이야기의 흐름을 알기 위해서는 이야기에서 일어난 중요한 일을 찾은 후, 어떤 차례로 진행되었는지 살펴보아야 해요. 일이 일어난 시간 순서나, 일이 일어난 원인과 결과를 생각하며 이야기의 흐름을 파악해 볼까요?

 **다음 이야기를 읽고, 이야기의 흐름을 파악해 보세요.**

한 사슴이 연못가에서 물을 마시고 있었다. 사슴은 물에 비친 자신의 뿔이 왕관같이 멋지게 뻗은 것이 자랑스러웠다. 만족스러운 눈으로 자신의 모습을 비춰 보던 사슴의 눈길은 자신의 가느다란 다리에 미쳤다. 멋진 뿔에 비해 자신의 다리는 영 볼품이 없었다.

"뿔은 이렇게 멋진데 왜 내 다리는 이렇게 보기 싫게 가늘고 길기만 할까?"

사슴은 탄식하였다. 이때 물을 먹고 있는 사슴을 건너편에서 발견한 사자가 사슴을 잡아먹으러 달려왔다. 사슴은 재빨리 도망쳤다. 사자는 사슴의 빠른 다리를 도저히 따라잡을 수가 없었다. 사슴은 사자를 따돌리고 숲으로 들어갔지만, 그만 뿔이 나뭇가지에 걸려 옴짝달싹 못하게 되었다. 결국 사슴은 뒤따라온 사자에게 꼼짝없이 잡히고 말았다. 사슴은 후회하며 외쳤다.

"이 보잘것없던 다리는 나를 살렸는데, 오히려 자랑스러웠던 내 뿔이 나를 죽게 만드는구나!"

 **이 글의 배경으로 알맞은 것을 두 가지 고르세요. (,   )**

① 숲   ② 동굴   ③ 사슴   ④ 왕관   ⑤ 연못가

 **이 글에 나온 사건으로 알맞은 것을 두 가지 고르세요. (,   )**

① 사슴이 사자에게 쫓김.   ② 사슴이 사자에게 잡힘.

③ 사자가 갈기를 자랑스러워함.   ④ 사자가 연못가에서 물을 마심.

⑤ 사자의 털이 나뭇가지에 걸림.

 **이 글에서 사건이 일어난 순서대로 번호를 쓰세요.**

사자가 사슴을 발견함.	사슴이 빨리 달려 도망침.	사슴이 연못가에서 물을 마심.	사슴의 뿔이 나뭇가지에 걸림.
( )	( )	( )	( )

 **다음 이야기를 읽고, 이야기의 흐름을 파악해 보세요.**

옛날에 공주를 사랑한 화가가 있었어. 화가는 어느 날 공주에게 결혼해 달라고 말하였지. 그러자 공주는 화가에게

"나와 결혼을 하고 싶으면 살아 있는 꽃과 똑같은 꽃을 그려 보세요."

라고 했어. 화가는 열심히 붓꽃을 그렸어. 몇 날 며칠이고 그림 그리기를 계속하였지. 드디어 그림이 완성되자 화가는 자랑스럽게 공주에게 보여 주었어. 그러자 공주는 새침한 얼굴로

"이 꽃에는 향기가 없잖아요?"

라고 말하였지. 그런데 바로 그때, 어디선가 나비 한 마리가 날아와 살포시 화가가 그린 그림 위에 내려앉는 거야. 그것을 보고 공주는 화가와 결혼을 하였어.

 **이 글의 등장인물로 알맞은 것을 두 가지 고르세요. (,   )**

① 공주   ② 그림   ③ 나비   ④ 붓꽃   ⑤ 화가

💡 인물의 말과 행동에 주목하여 차례대로 사건의 흐름을 정리해 보세요.

 **이 글의 사건을 시간의 흐름에 맞게 정리하려고 합니다. 빈칸에 순서대로 번호를 쓰세요.**

그때 나비 한 마리가 날아와 화가의 그림 위에 내려앉았다.	공주를 사랑한 화가가 공주에게 결혼을 해 달라고 하였다.	공주는 화가가 그린 꽃 그림을 보고 향기가 없다고 말하였다.	나비가 그림 위에 앉은 것을 본 공주는 화가와 결혼을 하였다.
( )	( )	( )	( )

 **이야기 속의 사건이 이루어지는 순서를 바르게 답한 것에 ⭕표 하세요.**

먼저 사건이 시작되는 일이 있어. 그 일은 점점 커지다가 어느 순간 그 일이 해결되면서 사건이 끝이 나. ☐	먼저 사건이 시작되는 일이 있어. 그 일은 커지지 않고 반복되다가 현명한 인물이 나타나면 사건이 끝이 나. ☐

움직임을 나타내는 말

○ 다음 그림을 보고, 빈칸에 들어갈 알맞은 말을 찾아 선으로 이으세요.

미치다

중얼거리다

탄식하다

오늘 나의 실력을 평가해 봐!   

🦫 부모님 응원 한마디

이야기의 흐름 파악하기 ②

4주 2일

 **다음 글을 읽고 물음에 답해 봅시다.**

아침부터 수진이는 신이 났습니다. 선생님께서 짝을 바꾸어 주시기로 한 날이 바로 오늘이기 때문입니다.

학교에 도착하자, 수진이는 짝이었던 심술쟁이 종수를 알은체도 하지 않았습니다. 그 대신 착하고 친절한 영호를 살짝 쳐다보았습니다.

드디어 선생님께서 수진이의 이름을 부르셨습니다.

"조수진!"

수진이의 가슴이 콩닥콩닥 뛰었습니다. 마음이 조마조마하였습니다.

'누구와 짝이 될까?'

"오철규!"

선생님께서 철규의 이름을 부르는 순간, 수진이는 울상이 되고 말았습니다.

'아, 철규와 짝이 되다니!'

철규는 종수보다 더 심한 장난꾸러기였습니다.

1 이 글의 흐름을 생각하며, 각 부분에서 일어난 일을 에서 찾아 기호를 쓰세요.

> **보기**
> ㉠ 짝을 바꾸는 날이 되어서 수진이는 신이 났다.
> ㉡ 선생님께서 수진이의 짝으로 철규의 이름을 부르셨다.
> ㉢ 학교에 온 수진이는 착하고 친절한 영호와 짝이 되기를 바랐다.

사건의 시작	사건의 중간	사건의 끝

옛날, 욕심 많은 할아버지와 할머니가 살았습니다. 두 사람은 나이가 많은데도 양보할 줄 모르고 자기 욕심만 부리느라고 자주 다투었습니다.

어느 날이었습니다. 이웃집에서 제사를 지내고 맛있는 떡을 가지고 왔습니다. 떡은 달랑 세 개였습니다. 하나씩 나누어 먹은 뒤에 마지막 남은 한 개를 서로 먹겠다고 다투었습니다. 절반씩 나누어 먹으면 될 텐데도 워낙 작은 떡인 데다가 맛있는 떡을 혼자 먹고 싶어 아옹다옹 다투기만 하였습니다.

그러다가 할아버지는 꾀를 내어 말하였습니다.

"할멈, 지금부터 말 안 하기 내기를 하면 어떨까?"

"말을 안 해요?"

"그렇지, 지금부터 입을 다물고 있다가 누구든지 말을 먼저 하면 지는 거요. 알겠소?"

"그럽시다. 영감이 먼저 말을 하면 떡은 내가 먹는 거예요. 후회하지나 마시구려."

이리하여 할아버지와 할머니는 입을 다물고 벙어리가 되었습니다. 떡을 먹기 위하여 어떠한 일에도 말을 하지 않으리라고 결심하였습니다. 시간이 꽤 흘러 밤이 되었습니다.

그때였습니다. 이 집에 도둑이 들었습니다. 도둑은 온 집 안을 뒤지기 시작하였습니다. 그러나 할아버지와 할머니는 도둑을 보고도 아무 말을 하지 않았습니다.

도둑은 안심을 하였습니다. 할아버지와 할머니가 자기를 보고도 아무 말을 하지 않기 때문에 눈뜬장님인 줄 알았습니다. 그리고 귀도 멀고 벙어리라고 생각하였습니다. 그래서 그는 그 집의 모든 물건을 묶어서 짊어지고 떠났지만, 그래도 할아버지는 아무 말도 하지 않았습니다.

이것을 본 할머니는 도저히 참을 수가 없었습니다.

"이 못된 영감! 아, 그래, 이 꼴을 보고도 가만있단 말이오?"

할아버지는 그 말을 듣고 이렇게 말하였습니다.

"임자가 먼저 말했으니 이 떡은 내 것이오."

"아휴, 영감과 내기를 시작한 내가 어리석었구나!"

2 할아버지와 할머니가 내기를 한 까닭으로 알맞은 것에 ○표 하세요.

(1) 마지막 남은 한 개의 떡을 혼자 먹고 싶어서 ····························· (   )

(2) 도둑을 보고도 놀라지 않기로 서로 약속하여서 ·························· (   )

3 이 글에 대한 설명으로 알맞은 것은 무엇인가요? (   )

① 이웃집에서 가져온 떡은 처음부터 달랑 한 개였다.

② 할머니는 할아버지에게 말 안 하기 내기를 하자고 제안하였다.

③ 할아버지와 할머니는 도둑을 보고 너무 놀라서 소리를 질렀다.

④ 도둑은 할아버지와 할머니 집의 모든 물건을 묶어서 짊어지고 떠났다.

⑤ 할머니는 절대 입을 열지 않는 할아버지의 끈기와 인내심에 감동을 받았다.

4 다음 그림을 이 글의 흐름에 맞게 정리하려고 합니다. 빈칸에 순서대로 번호를 쓰세요.

(1) (   )

(2) (   )

(3) (   )

(4) (   )

5 빈칸에 알맞은 말을 써서, 이 글의 내용을 정리해 보세요.

집에 ☐☐ 이 들어왔지만, ☐ 안 하기 내기 중이었던 할아버지와 할머니는 도둑

이 집 안의 물건을 훔쳐 가는 것을 바라만 보았습니다.

흉내 내는 말

● 다음 그림과 낱말의 뜻을 보고, 빈칸에 들어갈 알맞은 말을 보기 에서 골라 쓰세요.

| 보기 | 송알송알 | 아등바등 | 아옹다옹 | 야금야금 |

그네를 타는 일로 친구와 다투었다.

↳ 사소한 일로 서로 자꾸 다투는 모양.

붕어빵을   먹었다.

↳ 무엇을 입 안에 넣고 잇따라 조금씩 먹어 들어가는 모양.

철봉에   매달려 버텼다.

↳ 무엇을 이루기 위해 애를 쓰거나 우겨 대는 모양.

이마에 땀방울이   맺히다.

↳ 크기가 작은 땀방울이나 물방울, 열매 등이 많이 맺힌 모양.

4주 2일 정답 확인

오늘 나의 실력을 평가해 봐!

🦊 부모님 응원 한마디

이야기의 흐름 파악하기 ❸

🌳 **다음 이야기를 읽고 물음에 답해 봅시다.**

벼슬에서 물러난 이황은 제자를 열심히 가르쳤습니다. 이황이 가르치는 제자들 중에는 가난하게 사는 제자도 있었습니다.

하루는 이황이 꿈을 꾸었습니다. 꿈속에서 어린 제자가 슬프게 울고 있었습니다.

"왜 울고 있느냐?"

"아침 밥상에 제 밥 한 그릇만 놓여 있었습니다. 어머니께 아침을 드시지 않느냐고 여쭈어보니 속이 좋지 않다고 하셨습니다. 그런데 제가 집을 나섰다가 놓고 온 것이 있어 다시 돌아가 보니 어머니께서 물로 배를 채우고 계셨습니다."

꿈속에서 이황은 어린 제자를 감싸안고 함께 울었습니다.

날이 밝자, 이황은 제자의 집에 찾아갔습니다. 이황이 방이랑 부엌을 살펴보니, 어린 제자와 그의 어머니가 방에 불도 때지 못하고 누워 있었습니다.

이황은 안타까운 표정을 지으며 말하였습니다.

"얼마나 춥고 배가 고프겠느냐?"

㉠

1 이 글의 흐름을 고려할 때, ㉠에 들어갈 내용으로 가장 알맞은 것은 무엇인가요?

(   )

① 이황은 제자를 엄하게 꾸중하였습니다.
② 이황은 제자와 함께 산에 올라갔습니다.
③ 이황은 제자의 어머니에게 큰 상을 내렸습니다.
④ 이황은 제자에게 글공부를 그만두게 하였습니다.
⑤ 이황은 제자의 집에 장작과 쌀을 가져다주었습니다.

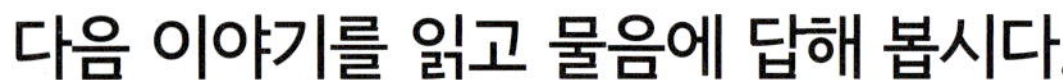

옛날에 어느 장님이 버는 돈을 한 푼 두 푼씩 모아 오백 냥 가까이 되는 큰돈을 만들었다. 장님은 이걸 어떻게 하면 잘 간수할까 궁리하다가 뒷마당에 묻어 두기로 했다. 그래서 뒷마당을 파고 돈이 담긴 항아리를 묻는데, 하필이면 그때 뒷집 욕심쟁이 영감이 담 너머로 그걸 죄다 지켜보았다. 그날 밤, 욕심쟁이 영감은 몰래 장님 집 담을 넘어 땅을 파고 돈을 몽땅 훔쳐 가고 말았다. 장님이 그 이튿날 돈을 묻었던 데를 더듬어 보니, 땅이 파헤쳐져 있고 빈 항아리만 남아 있었다.

"아이고, 내 돈! 내 돈! 평생 모은 돈을 하루아침에 잃어버렸구나."

좌절하던 장님이 가만히 생각해 보니, 자신의 돈을 가져갈 사람은 뒷집 욕심쟁이 영감밖에 없었다. 장님은 돈을 도로 찾을 방법을 이리저리 생각하다가 참 좋은 ㉠꾀를 하나 떠올렸다. 장님은 그 길로 욕심쟁이 영감의 집으로 찾아가 고민을 들어 달라고 하였다. 욕심쟁이 영감은 모르는 체하며 뻔뻔한 얼굴로 장님을 사랑방으로 맞이했다.

"내게 돈 천 냥이 또 생겼는데 이걸 어떻게 간수할지 걱정이라네. 이전에 내가 갖고 있던 오백 냥은 이미 숨겨 놓았는데, 이 돈 천 냥은 또 어디에 두면 좋을지 고민이니 슬기로운 자네가 지혜를 좀 빌려주게."

욕심쟁이 영감은 이 말을 듣자, 이 돈 천 냥도 자기가 꿀꺽하고 싶은 생각이 들었다.

"그럼 어제 오백 냥을 숨겨 둔 데다가 천 냥도 같이 숨기는 게 어떤가? 한꺼번에 간수하는 게 편할 듯싶네."

장님은 자신이 오백 냥을 언제 묻었는지 말하지도 않았는데 어제 숨긴 것을 아는 걸 보니 욕심쟁이 영감이 도둑이 확실하다고 생각했다. 그리고 욕심쟁이 영감의 말대로 내일 밤에 천 냥을 같은 곳에 숨기겠다고 하고 돌아갔다. 욕심쟁이 영감은 사랑방에 혼자 남아 생각했다.

'좋은 꾀가 떠오르는구나. 저이가 돈 잃어버린 걸 알기 전에 훔친 돈 오백 냥을 얼른 도로 묻어 두면, 그 자리에 천 냥을 또 묻겠지. 그때 몽땅 훔쳐야겠어.'

욕심쟁이 영감은 그날 밤에 훔친 돈 오백 냥을 그 자리에 도로 묻어 놓았다. 장님이 다음 날 저녁에 뒷마당을 파 보니, 항아리 안에 오백 냥이 고스란히 되돌아와 있었다. 장님은 속으로 쾌재를 불렀다.

'도둑이 제 손으로 돈을 도로 갖다 놨구나. 욕심쟁이 영감은 제 꾀에 제가 속은 게지.'

2 각 사건이 일어난 배경을 보기 에서 골라 기호를 쓰세요.

(1) 장님이 오백 냥을 묻음. (   )

(2) 욕심쟁이 영감이 꾀를 냄. (   )

(3) 장님이 고민을 이야기하러 감. (   )

(4) 욕심쟁이 영감이 오백 냥을 묻음. (   )

3 다음 그림을 이 글의 흐름에 맞게 정리하려고 합니다. 빈칸에 순서대로 번호를 쓰세요.

(   ) (   ) (   ) (   ) (   )

4 ㉠의 내용으로 가장 알맞은 것은 무엇인가요? (   )

① 돈 천 냥을 뒷집 욕심쟁이 영감에게 맡긴다.

② 도둑이 돈 천 냥을 훔쳐 갔다고 소문을 퍼뜨린다.

③ 도둑을 찾는 이에게 돈 천 냥을 준다고 거짓말을 한다.

④ 돈 천 냥을 다시 같은 곳에 묻어 놓는다고 거짓말을 한다.

⑤ 도둑에게 죄에 대한 보상으로 돈 천 냥을 모아 가져오게 한다.

5 빈칸에 알맞은 말을 써서, 이 글의 내용을 정리해 보세요.

장님은 □ 를 내어 욕심쟁이 영감이 훔쳐 갔던 □ □ 냥을 되찾았습니다.

뜻이 비슷한 말

○ 다음 밑줄 친 말과 뜻이 비슷한 말을 골라 ○표 하세요.

귀중품을 금고에 간수하다.

보관하다 　　　 보충하다

문제의 해결책을 궁리하다.

생각하다 　　　 제기하다

수아가 민재를 좋아하는 것이 확실하다.

틀리다 　　　 틀림없다

감기에 걸린 후에야 엄마의 말을 잘 듣지 않은 것을 후회하다.

뉘우치다 　　　 우기다

부모님 응원 한마디

이야기의 흐름 파악하기 ❹

 다음 일기를 읽고 물음에 답해 봅시다.

날짜: 20○○년 10월 11일 화요일	날씨: 맑음

    지난 일요일, 나는 친구와 놀이터에서 만나 각자 집에서 가져온 인형으로 놀고 있었다. 나는 친구와 신나게 인형 놀이를 하다가, 인형을 바닥에 내려놓고 그네를 타고 놀았다. 그러자 혼자 미끄럼틀을 타던 여자아이 한 명이 슬금슬금 나에게 다가오더니 내가 바닥에 내려놓은 인형을 뚫어져라 쳐다보았다.

"이 인형 예쁘다."

여자아이가 말했고, 나는 자랑스럽게 대답했다.

"이거 내 거야. 우리 언니가 나 준 거야."

아이는 부러워하면서

"나도……."

라고 말했다. 나는 당연히 나도 그런 선물을 주는 언니가 있으면 좋겠다고 말할 줄 알았다. 그런데 아이는 뜻밖에도 이렇게 중얼거렸다.

"나도 그런 언니가 될 수 있으면 좋겠다. 난 동생이 없어. 나도 동생이 생기면 줄 인형이랑 장난감이 잔뜩 있는데……."

나는 그 아이의 말을 듣고, 사랑은 받는 것보다 주는 기쁨이 더 크다는 것을 알게 되었다.

1 이야기의 흐름을 파악하여 빈칸에 순서대로 번호를 쓰세요.

(1) '나'는 놀이터에서 인형을 내려놓고 그네를 탐. ························· (　　　)

(2) '나'는 '여자아이'에게 언니가 준 인형이라고 자랑을 함. ················ (　　　)

(3) '여자아이'는 동생에게 인형을 주는 언니가 되고 싶다고 말함. ··········· (　　　)

(4) 미끄럼틀을 타던 '여자아이'가 다가와서 '나'의 인형을 보며 말을 걺. ······ (　　　)

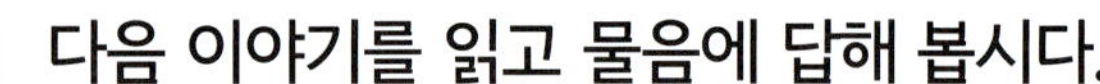

"포드 씨에게. 저는 한 시골 학교의 선생님입니다. 이곳은 너무 가난하여 피아노를 살 돈이 없습니다. 천 달러를 기부해 주시면 피아노를 사서 아이들이 음악 공부를 하는 데 쓰겠습니다."

마르다 베리 선생님은 '자동차의 왕'으로 불리는 큰 부자 헨리 포드에게 정성 들여 편지를 써서 부쳤습니다. 얼마 후 선생님은 포드에게서 답장을 받았습니다. 선생님과 아이들은 기대하며 봉투를 열어 보았습니다. 그런데 봉투 안에는 고작 10센트가 들어 있을 뿐이었습니다. 크게 실망한 한 아이가 투덜거렸습니다.

"그렇게 엄청난 부자가 겨우 10센트를 보냈다니 믿을 수가 없어요."

선생님은 실망하는 아이들을 격려하였습니다.

"우리 이 돈을 어떻게 잘 쓸지 생각해 보자."

선생님은 10센트로 시장에 가서 땅콩을 사 왔습니다. 그리고 ㉠학교 근처의 못 쓰는 땅으로 아이들을 데려갔습니다. 주인 없는 그 땅은 온통 돌투성이였고 잡초가 여기저기 나 있었습니다. 선생님과 아이들은 틈나는 대로 돌을 골라내고 잡초를 뽑아 밭으로 다듬어 나갔습니다. 그리고 그 땅에 정성 들여 땅콩을 심었습니다.

처음으로 수확한 땅콩은 얼마 되지 않았습니다. 그 땅콩을 시장에 팔았지만 당연히 수익은 얼마 되지 않았지요. 그래도 선생님은 포드에게 돈을 보내 줘서 고맙다는 편지와 함께 땅콩을 판 이익금의 일부를 보냈습니다. 선생님은 해마다 작은 수확이라도 감사히 여기며 이익금의 일부를 포드에게 보내고 나머지는 다시 땅콩을 사서 심기를 반복하였습니다.

5년 뒤 선생님은 드디어 피아노를 살 수 있게 되었다는 감사 편지를 포드에게 보냈습니다. 얼마 후 포드에게서 답장이 왔습니다. 편지를 열어 본 선생님은 깜짝 놀랐습니다. 그 봉투 안에는 만 달러가 들어 있었고 편지에는 이렇게 적혀 있었습니다.

"지금까지 나에게 도움을 청하는 수많은 사람들을 보았지만, 당신은 내가 만난 사람들 가운데 최고의 사람입니다. 당신께 저는 큰 감동을 받았습니다."

2 베리 선생님이 아이들을 ㉠으로 데려간 까닭으로 알맞은 것에 ◯표 하세요.

포드가 보내 준 돈으로 땅콩을 심어서 키우려고 ☐	실망한 아이들과 나들이를 하며 기분을 달래려고 ☐

3 포드가 선생님에게 큰 감동을 받은 까닭으로 알맞은 것에 ◯표 하세요.

(1) 가난했던 선생님이 포드만큼 부자가 되어서 ····························· (   )

(2) 아주 적은 금액을 보내 주었는데도 진심으로 감사를 표시해서 ··········· (   )

4 다음은 이 글의 흐름에 맞게 정리한 것입니다. 알맞지 <u>않은</u> 것은 무엇인가요? (   )

> 베리 선생님은 피아노를 사기 위해 포드에게 기부를 부탁하는 편지를 보냈다. ① 얼마 후 포드로부터 10센트가 들어 있는 답장이 왔다. ② 선생님은 엄청난 부자가 겨우 10센트를 보낸 것에 크게 실망했다. ③ 선생님은 10센트로 땅콩을 사서 심었고, 이를 길러 판 이익금의 일부를 포드에게 보냈다. 그리고 나머지 돈으로 땅콩을 사서 심기를 반복했다. ④ 5년 후, 선생님은 드디어 피아노를 살 수 있게 되었다는 감사 편지를 포드에게 보냈다. ⑤ 이에 감동한 포드는 만 달러가 든 편지를 보냈다.

5 이 글을 읽고 느낀 점을 알맞게 말한 친구의 이름을 쓰세요.

> 민혜: 나도 도움이 필요할 때 무조건 부자에게 편지를 써야겠어.
>
> 준현: 작은 도움에도 진심으로 감사할 줄 아는 마음을 가져야겠어.

(   )

한 문장 마무리

6 알맞은 말에 ◯표 하여, 이 글의 내용을 정리해 보세요.

> 포드는 (작은, 큰) 도움에도 5년 동안 땅콩을 팔고 남은 이익금을 꾸준히 보내며 진심으로 감사를 표시한 베리 선생님에게 큰 감동을 받았습니다.

공통된 한자가 붙는 말

● 다음 그림을 보고, 공통된 한자가 붙는 말을 보기 에서 골라 빈칸에 알맞게 쓰세요.

보기   기부금   이익금   장학금

포도 농사가 풍년이 들어 ☐☐☐이 많이 생겼다.

자선냄비에 ☐☐☐을 전달하였다.

전교 1등을 하여 ☐☐☐을 받았다.

이 낱말들에는 공통으로 '금'이 들어 있어요. 한자 '금(金)'은 어떤 말의 뒤에 붙어서 '돈'이라는 뜻을 더해 주는 말이에요. '이익금'은 이익으로 남은 돈, '기부금'은 돕기 위해 대가 없이 내놓는 돈, '장학금'은 공부를 잘하거나 형편이 어려운 학생에게 주는 돈을 뜻해요.

오늘 나의 실력을 평가해 봐!   🐾 부모님 응원 한마디

이야기의 흐름 파악하기 ❺

4주 5일

다음 이야기를 읽고 물음에 답해 봅시다.

옛날 옛적, 머리 셋 달린 이무기가 나타나는 바닷가 마을이 있었습니다. 마을 사람들은 이무기를 달래기 위하여 해마다 예쁜 처녀를 제물로 바쳤습니다.

어느 해, 연홍이라는 착한 처녀가 제물로 바쳐지게 되자, 연홍이를 사랑하던 바우라는 총각이 이무기를 물리치겠다고 하였습니다. 바우는 "내가 이무기를 물리치고 살아 돌아오면 배에 흰 깃발이 꽂힐 것이고, 죽어서 오면 붉은 깃발이 꽂힐 것이오."라는 말을 남기고 떠났습니다.

용감하고 힘센 바우는 마침내 이무기를 물리쳤습니다. 그런데 이무기가 죽으면서 토해 낸 피가 흰 깃발에 묻어 붉게 변한 것을 몰랐습니다. 저 멀리서 붉은 깃발을 꽂은 배가 돌아오는 것을 보고, 연홍이는 너무 슬퍼 그만 바다에 몸을 던지고 말았습니다.

바우가 돌아오자 연홍이는 이미 세상을 떠난 뒤였습니다.

"내가 어처구니없는 실수를 하고 말았구나. 차라리 그런 약속을 하지 말 것을……."

바우는 슬퍼하며 연홍이를 양지바른 곳에 묻었습니다.

이듬해 봄이 되자, 그 무덤에서 싹이 나서 자라 붉은 꽃을 피웠습니다. 바우는 그 꽃을 보며 연홍이를 생각하였습니다.

1 이야기의 흐름을 파악하여 빈칸에 순서대로 번호를 쓰세요.

(1) 연홍이의 무덤에서 붉은 꽃이 핌.·· (   )

(2) 바우가 연홍이와 약속을 하고 떠남.··· (   )

(3) 연홍이는 붉은 깃발을 보고 바다에 몸을 던짐. ······························· (   )

(4) 마을에서는 해마다 이무기에게 예쁜 처녀를 제물로 바침.················ (   )

(5) 연홍이가 제물로 바쳐지게 되자 바우가 이무기를 물리치기로 함.········· (   )

맹사성은 언제나 겸손한 자세로 검소하게 살았던 분입니다. 임금을 옆에서 도와주는 '정승'이라는 높은 벼슬을 지낼 때도 비가 새는 초가집에 살았습니다. 그뿐만 아니라 허름한 옷을 입고 소를 타고 다녔습니다.

어느 날, 맹사성이 고향 마을에 가게 되었습니다. 정승인 맹사성이 마을에 온다는 소식을 들은 고향 마을의 원님은 길을 깨끗이 청소하였습니다. 그런 다음에 맹사성이 오기 전까지 다른 사람들이 다니지 못하게 막으며 맹사성이 오기만을 기다렸습니다.

그때, 저쪽 길에서 시끌벅적한 소리가 들려왔습니다. 원님이 다가가 보니, 소를 탄 한 노인이 포졸과 실랑이를 벌이고 있었습니다. 번거로운 행차를 싫어하는 맹사성은 나이 어린 하인 한 명만 데리고 소를 타고 길을 나섰는데, 그 모양새가 영락없는 시골 노인이었습니다.

잔뜩 화가 난 포졸은 맹사성을 알아보지 못하고 고래고래 소리를 질렀습니다.

"감히 정승이 지나가시기도 전에 이 길을 지나가려고 하느냐?"

그러자 맹사성은 태연하게 말하였습니다.

"이것 보시오. 길은 사람이 다니라고 있는 것인데, 어찌하여 지나가지 못하게 하는 것이오?"

원님도 맹사성을 알아보지 못하고 큰 소리로 꾸짖었습니다.

"이 늙은이야, 정승이 오신다고 해서 잘 청소해 놓은 길이다. 네가 누군데 이 길을 먼저 지나가려고 하는 게냐?"

이 말을 들은 맹사성은 웃으며 원님에게 대답하였습니다.

"맹사성이 소를 타고 고향으로 가는 길이오."

그 말을 들은 원님과 포졸은 깜짝 놀라 얼굴을 붉히며 고개를 숙였습니다.

2 사건의 흐름을 파악하며 이야기를 읽는 방법으로 알맞은 것에 ○표 하세요.

(1) 일어난 일을 순서대로 정리하여 본다. ································· (　　　)

(2) 인물의 성격이 바뀌면 어떠하였을지 생각하며 읽는다. ·············· (　　　)

(3) 사건의 시간적, 공간적 배경의 변화에는 주목하지 않는다. ·········· (　　　)

3 이 글에 대한 설명으로 알맞지 <u>않은</u> 것은 무엇인가요? (   )

① 맹사성은 높은 벼슬을 지낼 때도 검소하게 생활하였다.

② 원님은 맹사성에게 잘 보이려고 길을 깨끗하게 청소하였다.

③ 원님은 포졸을 혼내며 소를 탄 사람이 맹사성임을 알려 주었다.

④ 맹사성은 원님과 포졸에게 화를 내지 않고 웃으며 대답을 했다.

⑤ 포졸은 맹사성을 알아보지 못하고 길을 지나가지 못하게 막았다.

4 이 글의 중심 사건만을 골라 시간의 흐름대로 정리한 것은 무엇인가요? (   )

(1) 

(2) 

(3) 

(4) 

(5) 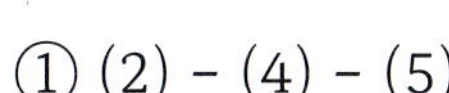

① (2) – (4) – (5)   ② (4) – (2) – (5)   ③ (5) – (2) – (4)

④ (1) – (3) – (2) – (5)   ⑤ (1) – (3) – (4) – (2) – (5)

5 이 글을 읽고 깨달은 점을 알맞게 이야기한 친구 두 명을 찾아 ○표 하세요.

아영: 사람의 겉모습만 보고 판단하지 말아야겠어.	우진: 중요한 자리에 갈 때는 무시당하지 않도록 꾸며야겠어.	민재: 너그럽게 다른 사람들을 이해하는 마음씨를 가져야겠어.

6 알맞은 말에 ○표 하여, 이 글의 내용을 정리해 보세요.

원님과 포졸은 소를 탄 노인에게 정승보다 먼저 지나가면 안 된다고 화를 냈으나, 그가 정승인 맹사성임을 알고 (기쁨, 부끄러움)을 느꼈습니다.

잘못 쓰기 쉬운 말

◐ 다음 그림을 보고, 문장에 들어갈 말을 맞춤법에 맞게 쓴 것을 골라 ○표 하세요.

운동장에서 작은
(실갱이, 실랑이)가 벌어지다.

결막염에 걸려서 눈에
(눈곱, 눈꼽)이 잔뜩 꼈다.

옷을 여러 겹 껴입었더니 몸이
(두루뭉술하다, 두리뭉술하다).

아이가 강아지의 발을
(건드리다, 건들이다).

매체 자료의 신뢰성 파악하기 ❶

5주 1일

🌱 다음 중 더욱 신뢰할 수 있는 매체 자료를 활용한 모둠을 찾아 ⭕표 하세요.

(노랑, 초록) 모둠이 더욱 신뢰할 수 있는 매체 자료를 활용하였습니다.

최근에는 신문, 책 등 전통적인 인쇄 매체 외에 인터넷, 영상 등 다양한 디지털 매체 자료를 활용하여 정보를 얻고 있어요. 그런데 매체를 통해 얻을 수 있는 정보가 너무 다양하고 많기 때문에, 유용하고 목적에 맞는 자료를 선택하기 위해서는 매체 자료가 믿을 만한 것인지 판단할 수 있어야 해요. 자, 그럼 매체 자료를 보며 신뢰성을 파악해 볼까요?

 다음 자료를 보고, 매체 자료의 신뢰성을 파악해 보세요.

 준우가 보고 있는 매체는 무엇인가요? (   )

① 사진   ② 신문   ③ 그래프   ④ 인터넷   ⑤ 포스터

 준우가 이 매체를 보고 잘 이해하지 <u>못한</u> 까닭을 알맞게 말한 친구의 이름을 쓰세요.

> 아름: 매체의 그림과 글의 내용이 일치하지 않기 때문이야.
> 수민: 매체의 글이 여러 개의 문장으로 쓰여 있기 때문이야.
> 준휘: 준우가 평소에 전기 절약을 왜 해야 하는지 생각해 보지 않았기 때문이야.

(   )

 이 매체를 만든 목적을 보고, 매체의 신뢰성을 갖추는 방법을 골라 ○표 하세요.

> 목적: 전기 절약하는 방법을 알려 주기 위해서

(1) 그림을 콘센트를 뽑고 있는 모습으로 변경한다. ·························· (   )

(2) 글, 그림이 주는 시각 정보를 빼고 소리를 넣는다. ····················· (   )

(3) 글을 '전기 절약은 콘센트를 물에 적시는 것부터 시작된다.'라고 변경한다. ··· (   )

 **2** 다음 자료를 읽고, 매체 자료의 신뢰성을 파악해 보세요.

미래의 블로그

프롤로그 | 블로그

미래(happy03)
프로필 ▶ 쪽지 ▶

나는 최근에 녹둔도라는 섬에 대해 찾아보았다. 한국학 중앙 연구원이라는 곳에서 올린 「조선 시대 녹둔도의 역사와 영역 변화」라는 글을 읽고 녹둔도에 대해 알 수 있었다. 아래의 글은 「조선 시대 녹둔도의 역사와 영역 변화」 중에서 알게 된 내용이다.

두만강이 동해와 만나는 하구에 있는 둘레 8킬로미터의 섬, 바로 녹둔도이다. 녹둔도는 사슴이 모여 사는 언덕처럼 생긴 섬이라는 뜻으로, 크기는 울릉도의 반 정도로 추정하고 있다.

녹둔도를 지키기 위해서 우리 조상은 많은 노력을 기울였다. 녹둔도에 여진족이 나타나 자주 약탈을 일삼자, 섬 안에 성을 쌓은 후 그 앞을 병사가 지키고 주민들은 배를 타고 섬을 오가며 농사를 지었다. 녹둔도는 충무공 이순신 장군이 임진왜란이 일어나기 전인 1587년에 부임해 와서 북방의 여진족과 맞서 싸우면서 지켰던 곳이기도 하다.

– 이왕무, 「조선 시대 녹둔도의 역사와 영역 변화」 중에서

 이 자료가 수록되어 있는 매체로 알맞은 것은 무엇인가요? (   )

① 신문　　　② 잡지　　　③ 동영상　　　④ 인터넷　　　⑤ 텔레비전

💡 매체 자료의 출처가 정확한지, 수록된 내용에 잘못된 표현은 없는지 등을 살펴보아야 합니다.

이 자료가 믿을 만한지 알아보기 위해 한 행동으로 알맞은 것을 두 가지 고르세요.

(,   )

① 블로그에 댓글을 달아 감상을 남겼다.
② 블로그에 게시되어 있는 다른 글들을 읽어 보았다.
③ 블로그에 자료의 출처가 나와 있는지 확인해 보았다.
④ 임진왜란에 대해 내가 알고 있는 내용을 떠올려 보았다.
⑤ 자료의 내용과 백과사전에서 찾은 내용을 비교해 보았다.

꾸며 주는 말

● 다음 그림을 보고, 빈칸에 들어갈 알맞은 말을 골라 ◯표 하세요.

물건을 사기 전에 (   ) 살펴보았다.

두툼히　　　　자세히

음식을 (   ) 골라 가져왔다.

마음껏　　　　목청껏

휴대 전화를 집에 두고 와서 (   ) 돌아갔다.

도로　　　　서로

강풍으로 비행기가 결항되어 (   ) 공항에 묶여 있었다.

꼼짝없이　　　　버릇없이

매체 자료의 신뢰성 파악하기 ❷

5주 2일

🌳 **가**와 **나**를 읽고 물음에 답해 봅시다.

가

행복 알림방
〈제1호〉
만든 날: 20○○년 5월 10일

공원 편의 시설 새 단장

다음 달부터 우리 마을의 휴식 공간인 무궁화 공원의 각종 시설을 새롭게 단장한다. 그동안 의자, 운동 기구 등의 각종 시설이 부족하여 불편을 겪었는데, 이러한 시설들을 새롭게 마련할 예정이다.

- 김민아 어린이 기자

나

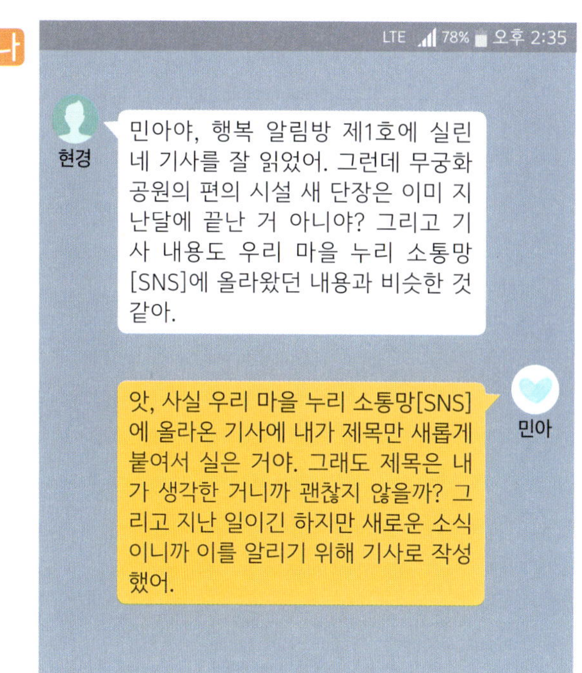

1 **가**와 같은 매체를 읽는 목적으로 가장 알맞은 것에 ○표 하세요.

(1) 오랫동안 보지 못한 친구나 가족의 소식을 알기 위해서 읽는다. ·········· (   )

(2) 자신에게 필요한 정보를 찾고 새로운 사실을 알기 위해서 읽는다. ········ (   )

(3) 그날그날 자신의 일상을 반성하며 더 나은 생활을 하기 위해서 읽는다.···· (   )

2 **나**의 대화를 읽고, **가**와 같은 매체 자료의 신뢰성을 파악할 때 주의해야 할 점으로 알맞은 것은 무엇인가요? (   )

① 기자가 어디서 기사를 썼는지 살펴본다.

② 하루에 몇 개의 기사를 올렸는지 살펴본다.

③ 신문이 몇 개의 단으로 구성되어 있는지 살펴본다.

④ 기사의 제목이 핵심 내용을 잘 요약하고 있는지 살펴본다.

⑤ 기사의 내용이 정확한지, 저작권을 침해하지 않았는지 살펴본다.

민영이는 세계 여러 나라의 식사 예절을 조사하는 숙제를 하기 위해 인터넷으로 자료를 검색하다가 다음 인터뷰 기사를 찾았습니다.

나라마다 다른 식사 예절, 어떻게 다를까?

20○○년 ○○월 ○○일   박두리 기자

박 기자: 세계 여러 나라의 음식 문화와 식사 예절을 연구하는 한○○ 박사님과 이야기를 나누겠습니다. 박사님, 안녕하세요?

한 박사: 안녕하십니까? 오늘 세계 여러 나라의 식사 예절에 대해 함께 대화를 나눌 박사, 한○○입니다.

박 기자: 박사님, 나라마다 환경과 문화가 다른 만큼 식사 예절 또한 다르다고 알고 있는데요. 예를 들어 설명 부탁드립니다.

한 박사: 네, 프랑스에서는 빵을 손으로 뜯어 먹고, 칼로 자르지 않습니다. 직접 빵을 물어뜯는 것도 안 됩니다. 그리고 초대를 받았을 때는 음식을 남기지 않아야 하며, 음식을 먹을 때 느긋하게 먹습니다. 인도에서는 맨손으로 음식을 먹기 때문에 음식을 먹기 전에 손을 깨끗이 씻어야 합니다. 그리고 꼭 오른손으로 음식을 먹습니다.

박 기자: 그렇군요. 우리나라와 가까운 일본의 식사 예절은 어떤가요?

한 박사: 일본에서는 식사를 할 때 대부분 젓가락만 사용합니다. 오른손으로 젓가락을, 왼손으로 밥그릇을 들고 밥을 먹지요. 그리고 젓가락으로 음식을 찌르는 행동을 해서는 안 됩니다. 면을 먹을 때는 '후루룩' 소리를 내면서 먹는 것이 일반적인 것으로, 이는 음식이 맛있다는 뜻이라고 합니다.

박 기자: 우리나라에서는 음식을 먹을 때 소리를 내지 않는 것이 예의라고 생각하는데 일본은 그렇지 않군요. 박사님의 이야기를 들으며 나라마다 참 식사 예절이 다르다는 것을 느낄 수 있었습니다. 오늘 인터뷰 감사드립니다.

3 민영이가 자료를 찾을 때 사용한 매체는 무엇인지 이 글에서 찾아 쓰세요.

(   )

4 인터뷰 기사에 나타난 각 나라의 식사 예절로 알맞지 <u>않은</u> 것은 무엇인가요? (   )

① 인도에서는 식사를 할 때 오른손을 사용한다.
② 프랑스에서 빵을 먹을 때는 칼로 자르지 않는다.
③ 일본에서 식사를 할 때는 밥그릇을 상에 두고 먹는다.
④ 우리나라에서는 음식을 먹을 때 소리를 내지 않아야 한다.
⑤ 프랑스에서 식사에 초대를 받았을 때는 음식을 남기지 않아야 한다.

5 일본에 갔을 때 지켜야 할 식사 예절을 알맞게 말한 친구의 이름을 쓰세요.

> 나래: 면 음식을 먹을 때 후루룩 소리를 내면서 먹어도 괜찮아.
> 다솜: 음식이 잘 집히지 않을 때에는 젓가락으로 찔러서 가져와야 해.
> 라온: 음식을 다 먹고 난 뒤에 식탁 위에 반드시 고마움을 담은 메모를 써야 해.

(   )

6 다음은 민영이가 인터넷에서 찾은 자료가 믿을 만한지 알아보기 위해 한 행동입니다. 알맞은 것에는 ○표, 알맞지 <u>않은</u> 것에는 ✕표 하세요.

(1) 기사에 사진이나 그림이 함께 있는지 살펴보았어. ·····················(   )
(2) 내가 찾은 자료의 내용과 다른 누리집에서 찾은 내용을 비교해 보았어. ····(   )
(3) 인터뷰를 한 한○○ 박사님이 관련 분야의 전문가인지 확인해 보았어. ···(   )

한 문장 마무리

7 빈칸에 알맞은 말을 써서, 이 글의 내용을 정리해 보세요.

> 민영이는 인터넷에서 자료를 검색하여 프랑스, 인도, 일본의 [ ][ ] 예절을 조사하였습니다.

아울러 이르는 말

● 다음 그림을 보고, 밑줄 친 말의 알맞은 뜻을 찾아 선으로 이으세요.

논과 밭을
아울러
이르는 말.

차와 과자를
아울러 이르는 말.

숟가락과
젓가락을
아울러 이르는 말.

오늘 나의 실력을 평가해 봐!

부모님 응원 한마디

매체 자료의 신뢰성 파악하기 ❸

 다음 뉴스를 보고 물음에 답해 봅시다.

최근 과도한 스마트폰의 사용으로 목에 무리가 가는 생활 습관이 늘어나면서 목 디스크 환자가 크게 증가하고 있습니다.

스마트폰을 많이 보면서 목을 숙이고 있어서 그런지 고개를 움직일 때에 많이 아파요.

실제로 한 대학 병원에서는 지난 20년 동안 디스크 수술을 받은 환자를 조사하였습니다. 그 결과 목 디스크 수술을 받은 환자는 22배나 늘어난 것을 확인하였습니다.

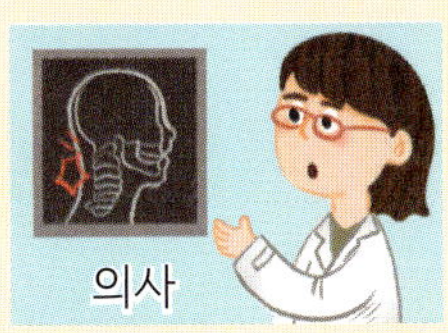

목을 앞뒤 혹은 좌우로 돌려 보았을 때, 어깨부터 팔까지 심하게 아프다면 목 디스크일 수 있습니다.

목을 보호하기 위해서는 어깨를 뒤로 젖힌 상태에서 가슴을 쭉 편 자세를 유지하는 것이 좋습니다. 또, 한 시간에 한 번씩 자리에서 일어나 목과 어깨의 근육을 가볍게 풀어 주는 것이 도움이 됩니다.

1 이 뉴스에서 의사의 인터뷰를 보여 준 까닭으로 가장 알맞은 것은 무엇인가요? (   )

① 전문가가 뉴스의 내용을 요약하여 주기 때문에
② 전문가의 말은 사람들에게 믿음을 주기 때문에
③ 뉴스가 보도되는 정해진 시간을 맞춰야 하기 때문에
④ 뉴스에는 반드시 전문가의 인터뷰를 포함해야 하기 때문에
⑤ 다양한 사람들의 색다른 의견을 뉴스에 반영해야 하기 때문에

최근 우리 생활에서 잘못된 높임 표현이 자주 쓰이고 있습니다.

높임 표현은 대상을 높이기 위한 표현으로서 대상을 공경하는 마음이 담겨 있습니다. 그런데 대상을 공경하는 마음을 담아서 표현하려다가, 사물을 높이는 잘못된 높임 표현을 종종 발견할 수 있습니다. 또 높임을 나타내는 말을 바르게 활용하지 못한 경우도 자주 찾아볼 수 있습니다. 우리의 말과 글을 바르게 사용하는 것이 바로 우리말 사랑의 실천입니다. 우리 주변의 잘못된 높임 표현을 찾고, 이를 바르게 고쳐 알맞게 사용해야 합니다. 그럼 우리 주변의 잘못된 높임 표현에 어떤 것이 있는지 아래 카드 뉴스를 살펴볼까요?

2 높임 표현에 담겨 있는 마음으로 알맞은 것에 ◯표 하세요.

상대방을 (공경, 무시)하는 마음

3 글쓴이가 이 글에서 전하고 싶은 내용으로 알맞은 것에 ○표 하세요.

(1) 잘못된 높임 표현을 바르게 사용하자. ······································· (   )

(2) 우리나라의 높임 표현을 다른 나라에 널리 알리자. ···················· (   )

4 ㉠에 들어갈 알맞은 높임 표현은 무엇인가요? (   )

① 화장실은 왼쪽에 계십니다.   ② 화장실은 왼쪽에 있습니다.

③ 화장실께서는 왼쪽에 있습니다.   ④ 화장실께서는 왼쪽에 계십니다.

⑤ 화장실께서는 왼쪽에 있으십니다.

5 이 글에 제시된 카드 뉴스의 주제와 관련된 자료를 누리집에서 더 찾으려고 할 때, 알맞은 검색어는 무엇인가요? (   )

① 한글을 만든 사람   ② 한글날을 만든 목적   ③ 잘못된 높임 표현의 예

④ 자주 틀리는 띄어쓰기   ⑤ 외국인이 어려워하는 우리말

6 카드 뉴스와 같은 매체 자료가 믿을 만한지 파악하는 방법을 알맞게 말한 친구의 이름을 쓰세요.

> 재현: 자료에 제시된 내용이 정확한 내용을 담고 있는지 다른 매체와 비교하여 살펴봐야 해.
>
> 수경: 검색한 자료의 내용이 마음에 들면 다른 누리집에서 관련된 내용을 더 찾아보지 않아도 괜찮아.

(   )

한 문장 마무리

7 알맞은 말에 ○표 하여, 이 글의 내용을 정리해 보세요.

> 잘못된 (낮춤, 높임) 표현을 올바르게 사용해야 함을 알려 주고 있습니다.

높임 표현

○ 다음 그림을 보고, 알맞은 높임 표현을 골라 ○표 하세요.

할머니 (댁, 집)에 심부름을 갔다.

부모님의 (성함, 이름)을 적었다.

할아버지께서 약을 (먹다, 잡수다).

부모님께 꽃을 (드리다, 주다).

5주 3일
정답 확인

오늘 나의 실력을 평가해 봐!

🦊 부모님 응원 한마디

매체 자료의 신뢰성 파악하기 ④

다음 광고를 보고 물음에 답해 봅시다.

1 이 광고의 신뢰성을 파악할 때 살펴보아야 하는 내용으로 알맞은 것에는 ○표, 알맞지 <u>않은</u> 것에는 ✕표 하세요.

숫자 부분을 크게 써서 강조한 까닭을 생각해 본다.	장난감의 색을 알록달록하게 표현한 까닭을 생각해 본다.	할인이 일부 품목에 제한된다는 글자를 매우 작게 쓴 까닭을 생각해 본다.

2 이 광고에 대해 알맞게 평가한 친구의 이름을 쓰세요.

> 도운: 소비자에게 불리한 정보는 작게 적어 놓아서 신뢰성이 떨어져.
>
> 설윤: 장난감 가게의 전 품목에 대해 90퍼센트 할인을 한다는 정보를 소비자에게 제공하고 있으므로 신뢰성이 높아.

(   )

3 제주도는 무엇이 폭발하여 생긴 섬인가요? (   )

① 오름   ② 화산   ③ 바닷가   ④ 용천수   ⑤ 한라산

4 제주도의 방언으로 소규모 화산을 뜻하는 말은 무엇인지 이 글에서 찾아 쓰세요.

(   )

5 제주도에 대한 설명으로 알맞은 것을 두 가지 찾아 ○표 하세요.

용천수를 따라 마을이 형성되어 있다.	오름은 작은 화산의 주위에 생긴 큰 화산이다.	한라산은 화산으로 우리나라에서 가장 높은 산이다.
( )	( )	( )

6 **5**의 내용으로 볼 때, 나래가 찾은 자료가 믿을 만한지 파악하기 위한 방법을 알맞게 말한 친구는 누구인가요? (   )

① 라온: 자료의 출처가 믿을 만한 곳인지 확인해야 해.

② 다솜: 나래가 직접 만든 자료인지 확인하는 것이 중요해.

③ 마루: 참고한 누리집의 게시 글 개수를 먼저 확인해야 해.

④ 바름: 동영상에 나오는 사람의 목소리가 믿을 만한지 확인해야 해.

⑤ 사랑: 멋진 사진과 영상을 사용했는지 확인하는 것이 가장 중요해.

7 가람이와 대화를 나눈 후 나래가 느낀 점으로 가장 알맞은 것은 무엇인가요? (   )

① 앞으로 참고 자료는 동영상이 아니라 글로 쓰인 것만 찾아야겠어.

② 앞으로 자료를 찾을 때에는 다른 사람의 자료를 무조건 베껴야겠어.

③ 앞으로 조별 과제를 할 때에는 나보다 더 잘하는 사람에게 맡겨야겠어.

④ 앞으로 자료를 찾을 때에는 출처에 상관없이 보기 좋은 것을 찾아야겠어.

⑤ 앞으로 자료를 찾은 후에는 자료의 내용이 정확한 정보인지 한 번 더 확인해야겠어.

8 빈칸에 알맞은 말을 써서, 이 글의 내용을 정리해 보세요.

제주도는 ☐☐ 폭발로 만들어진 섬으로, 소규모 화산인 ☐☐ 과 바닷가 주변에서 솟아나는 ☐☐☐ 가 있는 것이 특징입니다.

잘못 쓰기 쉬운 말

○ 다음 그림을 보고, 빈칸에 들어갈 말을 맞춤법에 맞게 쓴 것을 보기 에서 골라 쓰세요.

보기

| 움큼 | 찌개 | 창피 | 폭발 |
| 웅큼 | 찌게 | 챙피 | 폭팔 |

화산 ☐☐ 이 시작되었다.

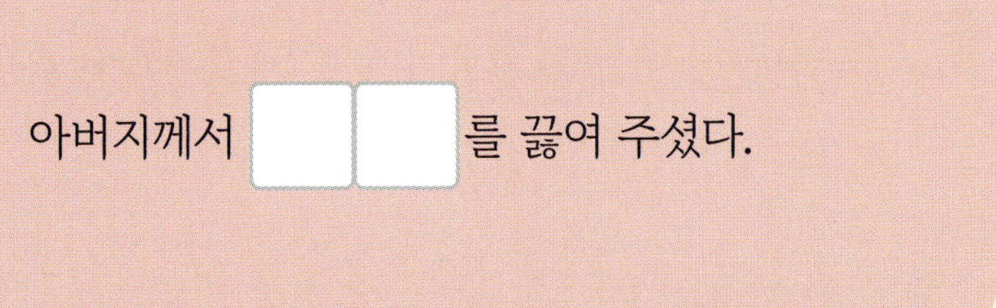

아버지께서 ☐☐ 를 끓여 주셨다.

씻어 놓은 쌀 위에 콩을 한 ☐☐ 올렸다.

버스 안에서 실수로 방귀를 뀌어 ☐☐ 를 당했다.

오늘 나의 실력을 평가해 봐!

🦊 부모님 응원 한마디

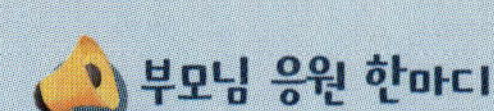

매체 자료의 신뢰성 파악하기 ❺

다음 기사를 읽고 물음에 답해 봅시다.

미래일보	20○○년 5월 30일

전국의 모든 초등학생 4명 중 1명, 등하교 시 스마트폰 보며 길 건넌다

한국생활안전연합은 서울 지역의 초등학교를 대상으로 등교할 때와 하교할 때의 어린이 보호 구역 안전에 대한 실태를 조사하였다. 그 결과 초등학생들이 등교할 때 56퍼센트가 뛰어가는 것으로 밝혀져, 가장 큰 문제로 드러났다. 한편 초등학생들이 하교할 때는 25퍼센트가 스마트폰을 사용하며 길을 건너는 것으로 밝혀졌다.

도로교통공단의 조사에 따르면 최근 5년간 하교 시간에 어린이 보호 구역에서 발생한 서울시 어린이 교통사고는 약 3,300건으로, 등교 시간에 발생한 약 770건의 교통사고보다 4.3배 많았다.

한국생활안전연합은 하교 시간의 교통 안전 관리가 등교 시간 때에 비해 적게 이루어지고 있으므로, 안전 지도를 강화할 필요가 있다고 지적했다.

박지후 기자

1 이 기사의 신뢰성을 알맞게 파악한 친구의 이름을 쓰세요.

> 지우: 한국생활안전연합의 전국 어린이 보호 구역 안전에 대한 실태 조사와 도로교통공단의 조사 결과를 활용하였으므로 신뢰성이 높은 기사야.
>
> 영현: 한국생활안전연합의 조사는 서울 지역이 대상이고, 초등학생들이 하교할 때 25퍼센트가 스마트폰을 사용한다고 하였는데, 기사의 제목에서는 '전국'과 '등하교 시'라고 하였으므로 신뢰성이 낮은 기사야.

(   )

 다음 자료를 보고 물음에 답해 봅시다.

가 어린이 교통사고

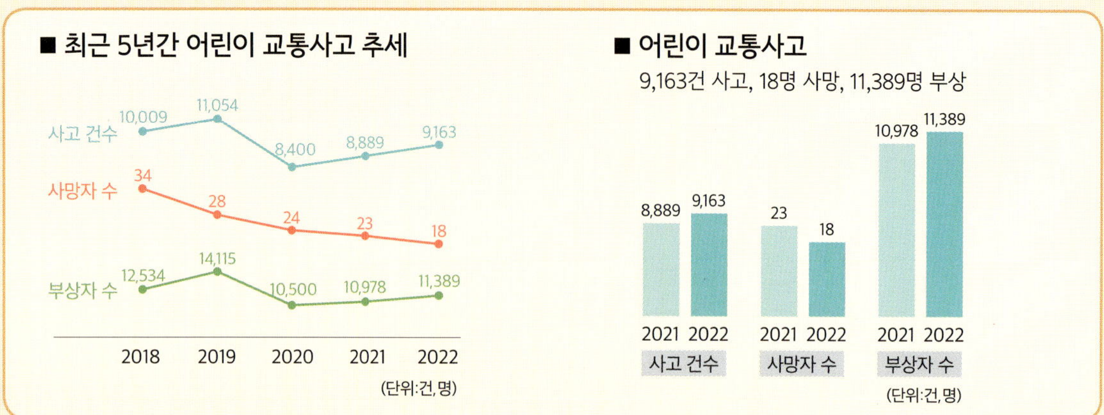

나 어린이 교통사고의 특징

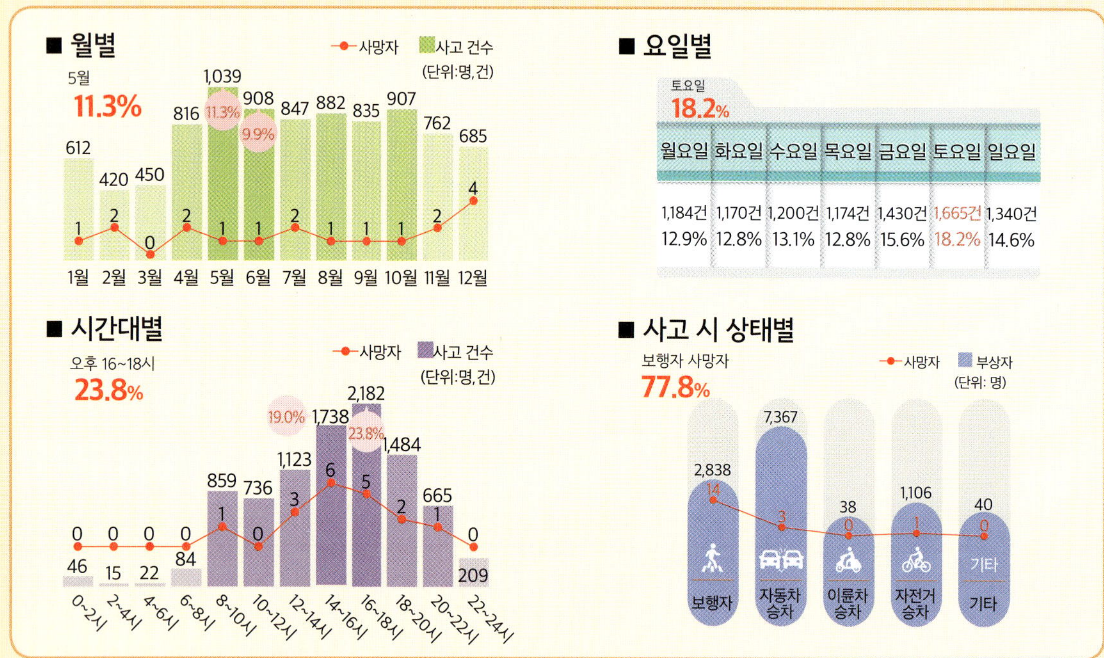

다 스쿨 존 내 어린이 교통사고

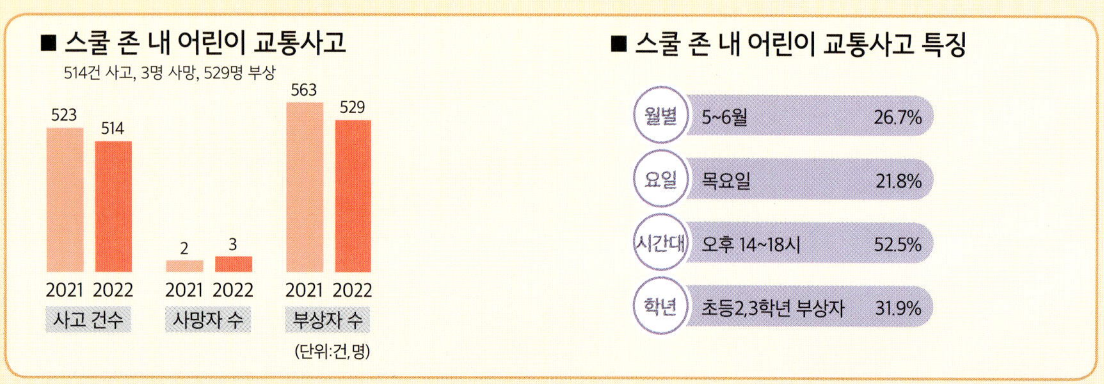

– 도로교통공단 교통사고분석시스템

2 가~다의 자료를 활용하여 발표할 내용으로 가장 알맞은 것은 무엇인가요? (   )

① 스쿨 존의 제한 속도　　　　　　② 교통사고가 발생하는 원인
③ 교통사고를 예방하는 방법　　　　④ 교통사고가 났을 때의 대처 방법
⑤ 어린이 교통사고의 현황과 특징

3 이 자료에 대해 알맞게 말한 친구의 이름을 쓰세요.

> 우재: 모두 막대 그래프로만 되어 있어서 정보를 파악하기 어렵고 신뢰성도 떨어져.
>
> 수진: '도로교통공단 교통사고분석시스템'이라는 출처를 밝혔으므로 정보를 신뢰할 수
> 　　　있어.

(　　　　　　)

4 가와 나를 활용하여 자료를 만드는 계획으로 알맞은 것에 〇표 하세요.

> 가를 활용하여 최근 5년간 어린이 교통사고 발생 건수가 점점 줄어들고 있다는 것을 보여 줄 수 있다. ☐

> 나를 활용하여 월별, 요일별, 시간대별, 사고 시 상태별 어린이 교통사고의 특징을 보여 줄 수 있다. ☐

5 다를 참고할 때, 스쿨 존 내에서 일어나는 어린이 교통사고의 특징으로 알맞지 <u>않은</u> 것은 무엇인가요? (   )

① 5~6월 사이에 사고가 많이 일어난다.　　② 오후 2시부터 사고가 많이 일어난다.
③ 목요일에 주로 사고가 많이 일어난다.　　④ 2학년과 3학년 학생들의 사고가 많다.
⑤ 전국의 교통사고 발생 건수가 2년째 같다.

한 문장 마무리

6 빈칸에 알맞은 말을 써서, 이 자료들의 특징을 정리해 보세요.

☐☐☐☐☐☐☐ 와 관련된 그래프 자료를 소개하고 있습니다.

단위를 나타내는 말

○ 다음 그림을 보고, 단위를 나타내는 말을 보기 에서 골라 빈칸에 알맞게 쓰세요.

오늘 우리 지역에서는 교통사고

세 ▢ 이 발생하였다.

시집 한 ▢ 을 읽었다.

기와집 두 ▢ 가 나란히 있다.

이 알약은 하루에 한 ▢ 만

복용하면 된다.

오늘 나의 실력을 평가해 봐!  부모님 응원 한마디

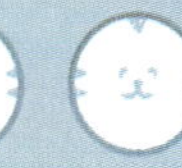  

글을 쓴 목적 파악하기 ❶

다음 글을 쓴 목적으로 알맞은 것을 찾아 ○표 하세요.

이 글은 (화산, 화석) 만들기 체험을 안내하기 위해 쓰였습니다.

모든 글은 목적이 있어요. 즉, 글을 쓴 까닭이나 의도가 있다는 말이에요. 설명하는 글은 정보를 전달하기 위해 쓴 것이고, 주장하는 글은 누군가를 설득하기 위해 쓴 것이에요. 시나 이야기 글, 편지, 일기 등에도 글쓴이가 전달하려는 내용이 담겨 있어요. 이제 다양한 종류의 글을 읽으며, 글을 쓴 목적이 무엇인지 파악해 볼까요?

 다음 글을 읽고, 글을 쓴 목적을 파악해 보세요.

오늘도 저희 놀이동산을 찾아 주셔서 감사합니다.

놀이동산을 이용하실 때 주의할 점을 안내해 드리겠습니다.

어제 내린 비로 놀이기구에 물기가 남아 있어 오늘은 회오리 열차를 운행하지 않습니다. 이 점 양해해 주시고 이용하시는 데 어려움이 없도록 참고하시기 바랍니다.

청룡 열차에 타실 때에는 소지품을 잘 챙기시기 바랍니다. 공중에서 회전하는 동안 몸에 지닌 물건이 밖으로 떨어지는 경우가 많기 때문입니다.

귀신의 집을 이용하실 때에는 입구에 준비되어 있는 안경을 끼고 안으로 들어가시기 바랍니다. 안경을 쓰면 좀 더 실감 나는 공포 체험을 하실 수 있습니다.

음악 열차를 이용하실 분들은 열차를 타기 전에 출입구에서 음악 동전을 꼭 받으시기 바랍니다. 열차 안에 준비된 음악 상자에 동전을 넣으면 멋진 노래를 약 1분간 들으실 수 있습니다.

놀이동산을 이용하실 때에 불편하거나 궁금한 내용이 있으시면 놀이동산 도우미나 안내소를 찾아 주십시오.

 이 글을 읽을 사람으로 알맞은 것은 누구인가요? (   )

① 놀이동산 도우미
② 놀이동산 방문객
③ 청룡 열차를 만든 사람
④ 음악 동전을 나누어 주는 사람
⑤ 귀신 분장을 한 놀이동산 직원

💡 글의 종류를 파악하고 글을 쓴 까닭을 찾아보세요.

이 글을 쓴 목적은 무엇인가요? (   )

① 놀이동산에 가야 한다고 주장하려고
② 놀이동산에 가는 방법을 알려 주려고
③ 놀이기구를 망가뜨리는 사람에게 주의를 주려고
④ 놀이동산을 이용할 때 주의할 점을 안내해 주려고
⑤ 놀이동산에 방문한 사람들에게 감사한 마음을 전하려고

 **다음 글을 읽고, 글을 쓴 목적을 파악해 보세요.**

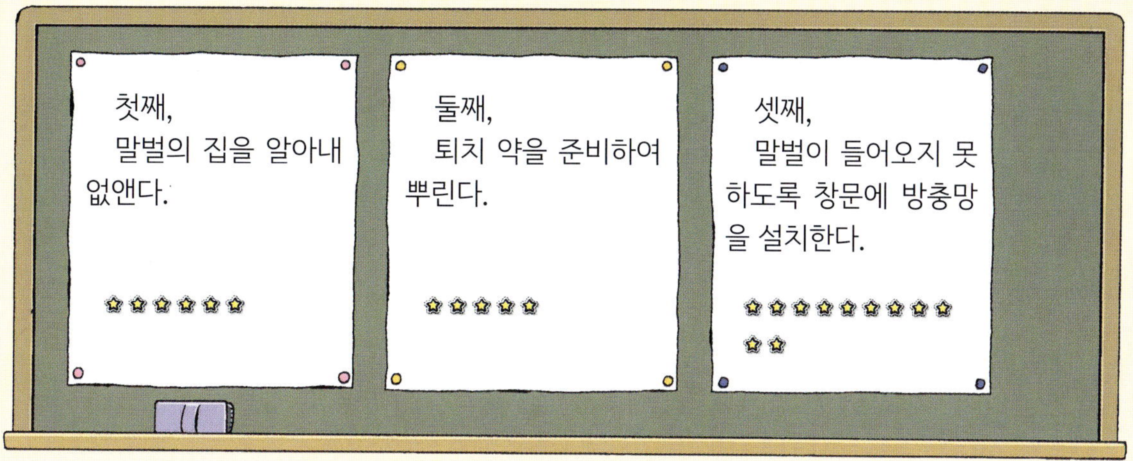

　3월 28일에는 철민이가 우리 반에 들어온 말벌을 잡으려다 쏘였습니다. 영주와 민석이도 복도에서 말벌에 쏘일 뻔하였고요. 또한 3월 30일에는 교실에 말벌이 세 마리나 들어와 친구들이 어느 곳으로 피해야 할지 갈팡질팡하며 소리를 지르는 소동이 있었습니다.

　말벌에 대한 대책을 세워야 합니다. 우리 반에서는 다음 세 가지의 대책 중에서 한 가지를 고르려고 합니다.

　여러분의 의견을 모아 주시면 감사하겠습니다. 알맞은 방법이라고 생각하는 쪽에 스티커를 붙여 주십시오. 한 사람당 1개의 스티커를 붙이면 됩니다.

※ 벌집은 위치만 알면 119에 신고하여 없앨 수 있고, 말벌 퇴치 약은 보건실에서 가져올 수 있으며, 방충망은 학교에 건의하면 설치할 수 있다고 합니다.

 **우리 반에서 일어났던 일로 알맞은 것을 찾아 ○표 하세요.**

(1) 교실 안에 말벌이 들어와서 방충망을 설치했다. ························ (　　　　)

(2) 교실 안에 말벌이 들어와서 친구들이 위험한 상황에 처했다. ············· (　　　　)

 **이 글을 쓴 목적으로 가장 알맞은 것은 무엇인가요? (　　　　)**

① 말벌의 특성을 알려 주려고

② 벌집을 찾아 119에 신고하려고

③ 말벌로 인한 피해 소식을 전하려고

④ 말벌 퇴치 약 사용법을 알려 주려고

⑤ 말벌에 대한 대책 중 한 가지를 고르려고

소리는 같지만 뜻이 다른 낱말

● 다음 밑줄 친 낱말의 알맞은 뜻을 찾아 기호를 쓰세요.

끼다
㉠ 구름이나 안개, 연기 등이 퍼져서 엉기다.
㉡ 무엇에 걸려 있도록 꿰거나 꽂다.

안개가 잔뜩 <u>끼다</u>.

(   )

눈이 나빠져서 안경을 <u>끼다</u>.

(   )

쏘이다
㉠ 얼굴이나 몸에 바람이나 햇빛 등을 직접 받다.
㉡ 벌레의 침과 같은 것에 살을 찔리다.

손가락을 벌에 <u>쏘이다</u>.

(   )

산책을 하며 밤바람을 <u>쏘이다</u>.

(   )

오늘 나의 실력을 평가해 봐!

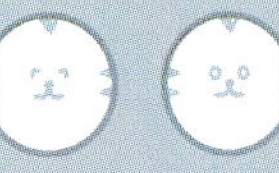 부모님 응원 한마디

6주 2일 글을 쓴 목적 파악하기 ❷

 다음 글을 읽고 물음에 답해 봅시다.

4학년 3반 어린이 여러분!

저는 우리 반 친구들이 음식을 먹을 때 음식물을 많이 남기지 않았으면 좋겠습니다. 요즈음 점심시간에 우리 반에서 발생하는 음식물 쓰레기의 양이 점점 많아지고 있습니다. 음식물 쓰레기의 양이 늘어나면 여러 가지 문제가 발생합니다.

첫째, 음식물 쓰레기는 자연환경을 오염시킵니다.

둘째, 음식물 쓰레기를 처리하는 데 많은 비용이 듭니다.

셋째, 음식물 쓰레기는 소중한 자원을 낭비하게 합니다.

이렇게 음식물 쓰레기가 발생하면 여러 가지 문제가 발생합니다. 따라서, 점심시간에 먹을 만큼만 음식을 받아서 음식물을 남기지 않는 생활 습관을 기르도록 합시다.

4학년 3반 김연희

1 이 글의 문제 상황으로 알맞은 것에 ○표 하세요.

점심시간에 급식실에서 질서를 지키지 않는 우리 반 학생이 많아지고 있다.	점심시간에 우리 반에서 발생하는 음식물 쓰레기의 양이 많아지고 있다.
( )	( )

2 이 글을 쓴 목적으로 가장 알맞은 것은 무엇인가요? (   )

① 재활용을 잘하기 위해서 ② 음식물 쓰레기를 줄이기 위해서

③ 음식물 구입 비용을 줄이기 위해서 ④ 건강한 생활 습관을 기르기 위해서

⑤ 자원을 아끼는 방법을 알려 주기 위해서

 **다음은 할아버지께서 누리집에 남기신 글입니다. 글을 읽고 물음에 답해 봅시다.**

사랑하는 시현이와 우현이에게

오랜만에 너희를 보고 돌아오니 기분이 무척 좋구나. 시현아, 그리고 우현아, 할아버지와 할머니가 너희에게 갔을 때 현관문까지 나와서 바르게 인사하는 모습이나, 과일을 먹을 때 할아버지 먼저 드시라고 권하는 모습은 참 보기 좋았어. 그런데 한 가지 고쳐야 할 것도 있더구나. 너희가 행동으로 예절을 지키는 것처럼 말을 할 때도 예의를 지켜야 한단다.

말은 상대에 따라 다르게 사용하여야 한단다. 높임말은 주로 웃어른께 하는 말로서, 거기에는 공경하는 마음을 담아야 해. 할아버지와 할머니, 부모님, 선생님 같은 분들께는 높임말을 써야 하는 거란다. 그에 비하여 예사말은 친구나 동생처럼 또래나 아랫사람에게 하는 말이야.

그리고 같은 뜻을 가진 말이라도 상대에 따라 사용하는 낱말이 다르지. 예를 들면, '밥'은 예사말이고 높임말은 '진지'라고 해. 예사말인 '먹다'라는 낱말은 높임말로는 '잡수시다'라고 한단다. 그래서 너희가 할아버지에게 말을 한다면 "할아버지, 진지 잡수세요."라고 해야 하는 거지.

어때? 이제는 좀 더 예의 바른 어린이가 될 수 있겠지? 다음에 만날 때에는 더욱 멋진 모습을 기대하고 있을게.

시현이와 우현이를 사랑하는 할아버지가

▶ 댓글 쓰기

20○○. 3. 7. 15시 57분
시원한 시현이 | 할아버지, 좋은 말씀 감사합니다. 앞으로 높임말을 바르게 사용하도록 노력하겠습니다. _ 예쁜 손녀 김시현 올림.

20○○. 3. 7. 16시 31분
귀여운 우현이 | 앞으로 높임말과 예사말을 바르게 쓸게요. 다음에는 저희가 할아버지 댁에 놀러 갈게요. _ 멋진 손자 김우현 올림.

---

3 할아버지께서 이 글을 쓰신 목적으로 알맞은 것에 ◯표 하세요.

> (기분, 상대)에 따라 말을 다르게 사용해야 함을 알려 주시려고

4 할아버지의 편지를 읽고 알게 된 내용으로 알맞은 것에는 ○표, 알맞지 <u>않은</u> 것에는 ✕표 하세요.

친구나 동생은 또래이므로 예사말을 사용한다.	선생님은 웃어른이므로 공경하는 마음을 담아 높임말을 써야 한다.	'밥'과 '진지'는 의미가 같으므로 상대방에 관계 없이 골라 써도 된다.
( )	( )	( )

5 이 글을 쓸 때 할아버지의 마음을 바르게 짐작한 것은 무엇인가요? ( )

① 우리 손주들이 높임말을 잘 사용하고 있구나.
② 누리집에 댓글을 달 때의 예절을 알려 주어야겠구나.
③ 요즈음 아이들은 음식을 어른들에게 먼저 권하지 않는구나.
④ 웃어른을 공경하는 행동을 하나도 하지 않다니 예의가 없구나.
⑤ 높임말 사용을 잘 모르는 것 같으니 자세히 알려 주어야겠구나.

6 '시현이'와 '우현이'의 댓글을 읽고 알 수 있는 내용이 <u>아닌</u> 것은 무엇인가요? ( )

① 우현이는 남자아이이다.
② 우현이는 시현이보다 나이가 많다.
③ 우현이는 할아버지 댁에 놀러 가고 싶어 한다.
④ 할아버지께서 시현이와 우현이의 집에 왔다 가셨다.
⑤ 시현이와 우현이는 높임말을 바르게 사용하지 못하였다.

한 문장 마무리

7 빈칸에 알맞은 말을 써서, 이 글의 내용을 정리해 보세요.

할아버지께서 시현이와 우현이에게 쓴 편지로, 상대에 따라 예사말과 [ ][ ][ ]을 구분하여 사용해야 함을 알려 주고 있습니다.

잘못 쓰기 쉬운 말

○ 다음 그림을 보고, 빈칸에 들어갈 말을 맞춤법에 맞게 쓴 것을 골라 ○표 하세요.

전학을 간 친구와 (　　　　)에 만났다.

오랜만 | 오랫만

오븐에 닭을 (　　　　)로 구웠다.

통째 | 통채

호기심 어린 (　　　　)로 유물을 바라보았다.

눈꼬리 | 눈초리

발레를 배운 지 사흘 만에 (　　　　)을 느꼈다.

실증 | 싫증

오늘 나의 실력을 평가해 봐! 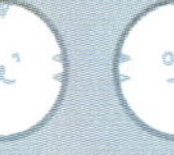

🐱 부모님 응원 한마디

____

글을 쓴 목적 파악하기 ❸

 **다음 글을 읽고 물음에 답해 봅시다.**

어느 날 아침, 백악관 비서 하나가 급한 용무가 있어 대통령 집무실로 향하다 복도 한 모퉁이에서 허리를 굽힌 채 구두를 닦고 있는 사람을 발견하였다.

'누가 감히 이런 곳에서…….'

수상쩍은 눈초리로 그를 살펴보던 비서의 눈이 휘둥그레졌다. 그 사람은 바로 대통령이었다. 안 그래도 시골 출신이라 품위가 없다는 평판을 받아 오던 링컨 대통령이었다. 비서는 지금이 바로 대통령에게 적절한 충고를 해 줄 수 있는 기회라고 여겨 이렇게 말하였다.

"각하, 대통령의 신분으로 구두나 닦고 있다니요? 다른 사람들이 보면 뭐라고 하겠습니까?"

비서의 말에 링컨이 빙그레 웃으며 물었다.

"신을 닦는 게 부끄러운 일인가?"

"그건 아닙니다만……."

"구두는 누구나 닦을 수 있는 것이네. 대통령이나 구두닦이나 다 같이 세상일을 하는 사람들 아닌가?"

– 유동범 엮음, 『천재들의 우화』 중에서

1 글쓴이가 이 글을 쓴 목적에 대하여 알맞게 이야기한 친구의 이름을 쓰세요.

> 새연: 링컨의 이야기를 통해 직업에는 귀하고 천한 것이 따로 없음을 알려 주고 있어.
> 형민: 링컨의 이야기를 통해 각자의 지위에 맞게 자기가 맡은 일에만 충실해야 함을 알려 주고 있어.

(   )

다음 시를 읽고 물음에 답해 봅시다.

걱정 마

정진숙

눈이 크고 얼굴이 까만
나영이 엄마는
필리핀 사람이고,

알림장 못 읽는
준희 엄마는
베트남에서 왔고,

김치 못 먹어 쩔쩔매는
영호 아저씨 각시는
몽골에서 시집와

길에서 마주쳐도
시장에서 만나도
말이 안 통해
그냥 웃고만 지나간다.

이러다가
우리 동네 사람들 속에
어울리지 못하면 어쩌나?

그래도 할머닌
걱정 말래.

아까시나무도
달맞이꽃도
개망초도
다 다른
먼 곳에서 왔지만
해마다 어울려 꽃피운다고.

2 이 시에 등장하는 인물 중 외국에서 온 사람을 모두 찾아 ○표 하세요.

| 나영이 엄마 | 준희 엄마 | 영호 아저씨 | 영호 아저씨 각시 | 할머니 |

3 이 시에서 다루고 있는 우리 사회의 모습은 무엇인가요? (   )

① 노인 복지   ② 왕따 문제   ③ 이민 정책   ④ 한글 교육   ⑤ 다문화 가정

4 각 나라에서 온 사람들에 대해 말하는 이가 걱정하는 것은 무엇인가요? (   )

① 한글 교육을 받을 수 없는 일   ② 고향을 방문하기가 어려운 일
③ 말이 안 통해 시장에 갈 수 없는 일   ④ 동네 사람들 속에 어울리지 못하는 일
⑤ 고향의 음식을 그리워하다 병이 드는 일

5 할머니가 말하는 이에게 걱정하지 말라고 한 까닭으로 알맞은 것에 ○표 하세요.

자신의 일이 아닌 것을 걱정할 필요가 없기 때문에	먼 곳에서 왔지만 다 어울려서 살게 될 것이기 때문에	다른 사람에 대한 지나친 관심은 간섭으로 보일 수 있기 때문에
☐	☐	☐

6 이 시를 쓴 의도를 알맞게 짐작한 친구의 이름을 쓰세요.

성윤: 이 시는 천진한 눈으로 세상을 바라보는 아이들과 함께 있으면 어른들도 순수함을 되찾을 수 있다는 것을 말하고 있어.

서연: 이 시는 다른 나라에서 온 사람들이 처음에는 서투르지만 점차 다 같이 어울리며 함께 살아가게 될 것을 말하고 있어.

(   )

7 이 시를 읽으며 떠오른 장면으로 가장 알맞은 것에 ○표 하세요.

(1) 아까시나무와 달맞이꽃, 개망초가 시든 모습 ·····························(   )
(2) 다른 나라에서 온 사람들이 우리와 어울려 열심히 살아가는 모습 ·········(   )
(3) 시장에서 말이 통하지 않아 화를 내고 있는 영호 아저씨 각시의 모습 ·····(   )

한 문장 마무리

8 알맞은 말에 ○표 하여, 이 시의 내용을 정리해 보세요.

말하는 이는 다른 나라에서 온 사람들이 동네 사람들과 어울리지 못할까 봐 걱정하고 있지만, 할머니께서는 모두 (독립적으로, 어울려) 살아갈 것이라며 걱정하지 말라고 하십니다.

뜻이 반대되는 말

○ 다음 그림을 보고, 밑줄 친 말과 뜻이 반대되는 말을 찾아 선으로 이으세요.

친구를 걱정하다.

아끼다

물을 낭비하다.

안심하다

조회 수가 점점 늘어나다.

줄어들다

오늘 나의 실력을 평가해 봐!

부모님 응원 한마디

글을 쓴 목적 파악하기 ❹

🌳 다음 광고를 보고 물음에 답해 봅시다.

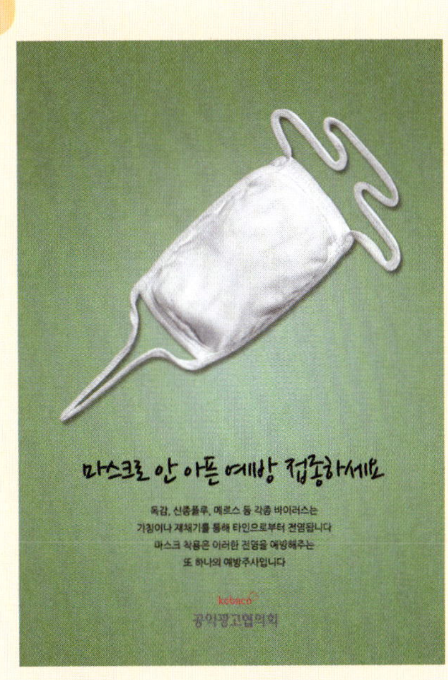

마스크로 안 아픈 예방 접종하세요

독감, 신종 플루, 메르스 등 각종 바이러스는
기침이나 재채기를 통해 타인으로부터 전염됩니다.
마스크 착용은 이러한 전염을 예방해 주는
또 하나의 예방 주사입니다.

– 한국방송광고진흥공사

1 이 광고에서 마스크는 어떤 모양을 하고 있나요? (   )

① 무지개 모양　　　② 비행기 모양　　　③ 운동화 모양
④ 주사기 모양　　　⑤ 휴지통 모양

2 이 광고를 만든 목적으로 가장 알맞은 것은 무엇인가요? (   )

① 마스크 없이는 거리에 걸어 다닐 수 없음을 알리기 위해서
② 실내에서 기침이나 재채기를 하지 말아야 함을 알리기 위해서
③ 손을 씻는 것이 마스크를 쓰는 것만큼 중요함을 알리기 위해서
④ 마스크를 써서 바이러스의 전염을 예방할 수 있음을 알리기 위해서
⑤ 바이러스의 전염을 막기 위해 예방 접종을 해야 함을 알리기 위해서

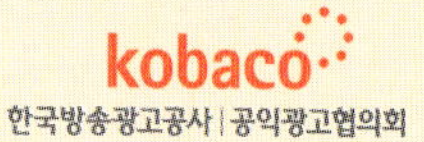

3 이 광고에서 종이컵이 의미하는 것은 무엇인가요? (   )

① 돈   ② 밥   ③ 공부   ④ 일회용품   ⑤ 플라스틱

4 이 광고로 알 수 있는 내용이 <u>아닌</u> 것은 무엇인가요? (   )

① 종이컵 사용이 지구 온난화를 부추긴다.

② 일회용품을 사용할수록 숲이 점점 늘어난다.

③ 종이컵은 사용이 편리해서 무심코 많이 사용한다.

④ 1톤의 종이컵을 만들려면 20년생 나무 20그루가 필요하다.

⑤ 종이컵을 만들기 위해 1초마다 넓은 면적의 숲이 파괴되고 있다.

5 이와 같은 광고를 표현하는 방법으로 알맞은 것에 ○표 하세요.

사진이나 그림을 사용해서 의견을 뒷받침할 수 있다.	글로만 자세하게 설명해야 광고의 효과를 살릴 수 있다.	모든 글자의 크기가 같아야 보는 사람이 편안하게 볼 수 있다.
( )	( )	( )

6 ㉠은 보기 의 내용을 바꾸어 표현한 것입니다. ㉠과 같은 표현이 주는 효과가 <u>아닌</u> 것은 무엇인가요? (   )

> 보기 종이컵은 뽑아 쓰는 데는 짧은 시간이 걸리지만, 종이컵을 만들기 위해 쓰인 나무가 다시 자라는 데는 20년 정도의 오랜 시간이 걸립니다.

① 읽는 사람이 기억하기가 더 쉽다.
② 중요한 내용을 잘 전달할 수 있다.
③ 환경 문제의 심각성을 잘 드러내 준다.
④ 숫자를 사용하면 내용 이해가 더 어려워진다.
⑤ 읽는 사람의 호기심을 불러일으키는 표현이다.

7 이 광고를 만든 의도로 가장 알맞은 것은 무엇인가요? (   )

① 운동을 꾸준히 해야 함을 말하기 위해서
② 일회용품 사용을 줄여야 함을 말하기 위해서
③ 축구장을 만들 때 숲이 파괴됨을 말하기 위해서
④ 종이컵 사용이 매우 편리하다는 것을 말하기 위해서
⑤ 지구 온난화로 날씨가 따뜻하게 유지되고 있음을 말하기 위해서

한 문장 마무리

8 알맞은 말에 ○표 하여, 이 광고의 내용을 정리해 보세요.

지구 온난화를 막기 위해 종이컵과 같은 (일회용품, 재활용품) 사용을 줄여야 합니다.

헷갈리는 말

● 보기 를 보고, 다음 문장에 어울리는 말을 골라 ○표 하세요.

> 보기
> • 배다: 스며들거나 스며 나오다.
> • 베다: 날이 있는 연장으로 자르거나 끊다.

옷에 땀이
(배다, 베다).

낫으로 벼를
(배다, 베다).

톱으로 나무를
(배다, 베다).

종이에 기름이
(배다, 베다).

6주 4일
정답 확인

오늘 나의 실력을 평가해 봐!

🦊 부모님 응원 한마디

6주 5일 글을 쓴 목적 파악하기 ❺

 다음은 정약용이 두 아들에게 쓴 편지의 일부입니다. 글을 읽고 물음에 답해 봅시다.

너희가 아픈 데가 있으면 다른 사람들이 돌보아 주기 마련이었다. 날마다 어떠냐는 안부를 전해 오고, 약을 먹여 주고 양식까지 대 주는 사람도 있었다. 이런 일에 너희가 너무 익숙해져 항상 은혜를 베풀어 주기만 바라고 있구나. 너희가 사람의 본분을 망각하지는 않았는지 걱정이다. 그래서 내가 이 편지를 보낸다.

예나 지금이나 남의 도움만을 받으면서 살라는 법은 애초에 없었다. 마음속으로 남의 은혜를 받고자 하는 생각을 버린다면, 절로 마음이 평안하고 기분이 화평해져 하늘을 원망한다거나 사람을 미워하는 그런 병폐는 없어질 것이다.

여러 날 밥을 끓이지 못하고 있는 집이 있을 텐데 너희는 쌀이라도 퍼 주고, 추운 집에는 장작개비라도 나누어 따뜻하게 해 주어라. 병들어 약을 먹어야 할 사람들에게는 한 푼의 돈이라도 쪼개어 약을 지을 수 있도록 도와주어라.

– 정약용 글, 한문희 엮음, 『아버지의 편지』 중에서

1 이 편지를 받는 사람이 처한 상황을 알맞게 말한 친구의 이름을 쓰세요.

태윤: 다른 사람에게 도움을 받는 것에만 익숙해져 있어.

진아: 다른 사람의 도움을 받지 않고 살아가려는 독립심을 가지고 있어.

(   )

2 글쓴이가 이 편지를 쓴 까닭으로 알맞은 것에 ◯표 하세요.

(1) 받는 사람이 먼저 남을 돕는 성격이 되었으면 해서 ·····················(   )

(2) 받는 사람이 약을 잘 먹고 얼른 건강을 되찾기를 바라서 ················(   )

『신기한 과학 이야기』라는 책을 읽어 보셨나요?

어린이 여러분, 안녕하세요?

저는 『신기한 과학 이야기』라는 책을 읽었어요. 제가 평소에 궁금해하던 우리 몸에 대한 이야기가 자세하게 나와 있었어요. 또, 제가 잘 알지 못하는 여러 식물과 동물 이야기, 공룡 이야기, 지구에 대한 이야기도 실려 있었답니다.

저는 이 책에서 우리 몸에 관한 이야기가 가장 재미있었어요. 어린이 여러분, 혹시 우리가 어머니의 배 속에 있을 때 탯줄을 통해서 영양분을 받아먹고 자랐다는 사실을 알고 있나요? 와, 진짜 놀라웠어요! 생각지도 못한 사실이었죠. 태아가 영양분을 받는 방법 또한 신기했어요. 또, 우리가 먹는 여러 음식에 들어 있는 영양분이 우리 몸을 튼튼하게 하고 키도 크게 한다는 사실을 알았어요. 정말 신기하지요? 키가 작아서 걱정하는 친구들에게 ㉠이 사실을 꼭 알려 주어야겠어요.

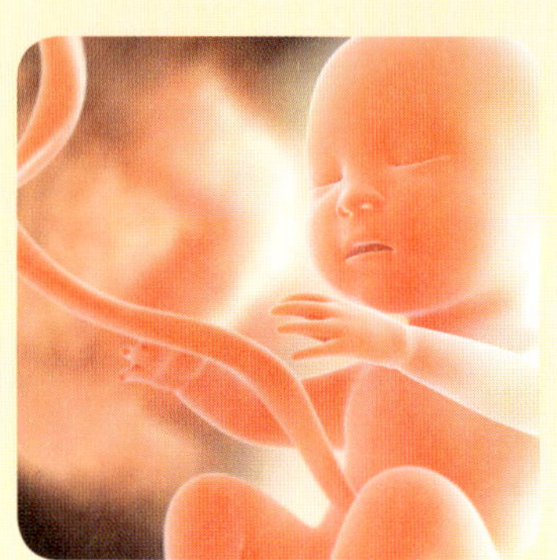

3 글쓴이가 이 글을 쓴 까닭은 무엇인가요? (   )

① 친구의 안부가 궁금해서
② 키 크는 방법을 알려 주려고
③ 책을 읽고 생각과 느낌을 말하려고
④ 지구의 신기함에 대하여 알려 주려고
⑤ 음식을 골고루 먹자는 주장을 하려고

4 『신기한 과학 이야기』에 실려 있는 내용이 <u>아닌</u> 것은 무엇인가요? (   )

① 공룡에 대한 이야기　　　　　② 운동에 관한 이야기
③ 지구에 대한 이야기　　　　　④ 우리 몸에 대한 이야기
⑤ 식물과 동물에 대한 이야기

5 글쓴이가 『신기한 과학 이야기』에서 가장 재미있게 읽은 부분을 이 글에서 찾아 빈칸에 알맞은 말을 쓰세요.

> 글쓴이는 (   )에 관한 이야기를 가장 재미있게 읽었다.

6 글쓴이가 『신기한 과학 이야기』를 읽고 알게 된 내용을 알맞게 말한 친구의 이름을 쓰세요.

> 아현: 글쓴이는 배 속의 태아가 탯줄에서 음식을 만드는 방법을 알게 되었어.
>
> 민철: 글쓴이는 배 속의 태아가 탯줄을 통해서 영양분을 받아먹는다는 사실을 알게 되었어.

(   )

7 ㉠이 가리키는 내용으로 알맞은 것은 무엇인가요? (   )

① 키가 작아서 걱정하는 친구들이 있다.

② 키가 작다고 걱정하면 키가 잘 자라지 않는다.

③ 어렸을 때 키가 작아도 나중에 크는 아이들도 있다.

④ 음식을 골고루 먹는 것과 키 크는 것은 관계가 없다.

⑤ 음식에 들어 있는 영양분이 우리 몸을 튼튼하게 하고 키도 크게 한다.

8 알맞은 말에 ◯표 하여, 이 글의 내용을 정리해 보세요.

> 글쓴이는 『신기한 과학 이야기』에서 (여러 식물, 우리 몸)에 관련된 이야기를 가장 재미있게 읽었으며, 태아가 영양분을 받는 방법과 음식에 들어 있는 영양분의 역할을 알게 되었습니다.

뜻이 비슷한 말

○ 다음 그림을 보고, 밑줄 친 말과 뜻이 비슷한 말을 보기 에서 골라 빈칸에 알맞게 쓰세요.

보기   능숙하다   망각하다   보살피다   시행하다

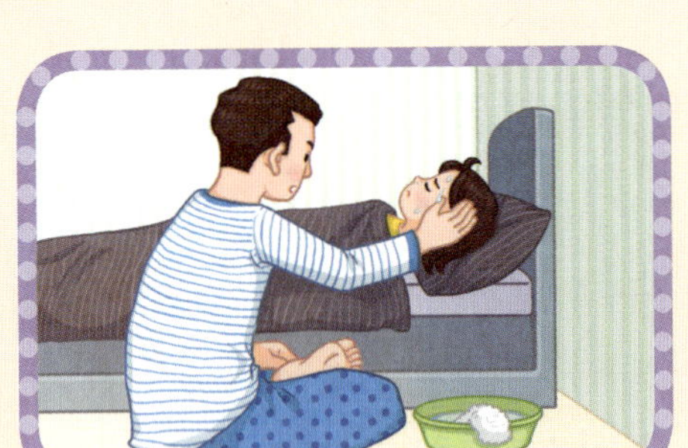

아빠가 아픈 아이를 <u>돌보다</u>.

→ ☐☐☐☐

그녀는 운전에 <u>익숙하다</u>.

→ ☐☐☐☐

친구와의 약속을 완전히 <u>까먹다</u>.

→ ☐☐☐☐

학교에서 화재 대피 훈련을 <u>실시하다</u>.

→ ☐☐☐☐

오늘 나의 실력을 평가해 봐!

부모님 응원 한마디

예측하며 읽기 ①

다음 책의 내용을 바르게 예측한 친구에게 ○표 하세요.

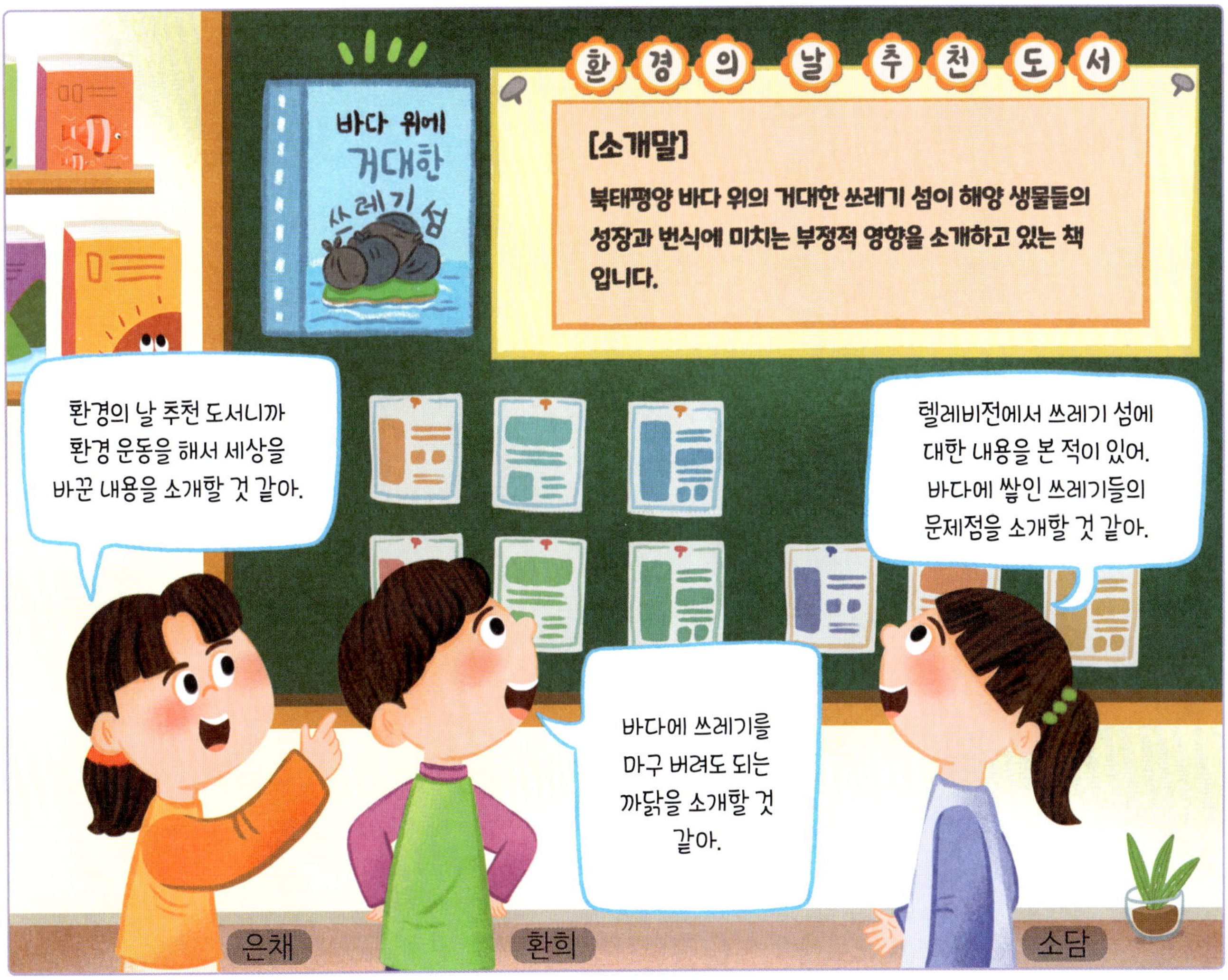

책의 내용을 알맞게 예측한 친구는 (은채, 환희, 소담)입니다.

글을 읽기 전에 자신의 배경지식이나 경험을 활용하여 글의 내용을 예상하여 본 적이 있나요? 글을 읽기 전에 미리 제목과 차례, 소개말, 그림 등을 보고 글과 관련된 경험을 떠올리면 글의 내용을 예측할 수 있고, 글을 읽고 싶은 마음이 더 생길 수 있어요. 이제 글을 읽기 전에 할 일이 무엇이 있는지 알아보고, 읽기 전에 한 생각과 비교하며 글을 읽어 볼까요?

 **1** 다음 노랫말을 읽고, 예측하며 글을 읽는 방법을 알아보세요.

종달새

종달아 종달아,
너 어디 갔었니.

산에 산에 갔었다.
뭐하러 갔었니.

친구 보고 싶어서
산에 갔었다.

옛 친구 만났니.
말 좀 해 주렴.

고운 친구 미운 친구
모두 만나서

비비쫑쫑 비비쫑쫑
비비쫑쫑 쫑 쫑.

 이 노래의 제목과 다음 그림을 보고 노랫말의 내용을 알맞게 예측한 친구에게 ○표 하세요.

한나: 종달새가 친구를 만나 사이좋게 이야기하는 내용일 것 같아.

(   )

현우: 종달새가 노래를 할 수 없어서 슬퍼하고 있는 내용일 것 같아.

(   )

 이 노랫말을 읽고 떠오르는 장면을 알맞게 말한 것에 ○표 하세요.

(1) 종달새가 강물 위로 날아가는 모습이 떠올라. ······························ (   )
(2) 친구를 만나 비비쫑쫑 지저귀는 종달새의 모습이 보이는 것 같아. ········ (   )

 노랫말을 읽기 전 제목과 그림을 먼저 살펴보았을 때의 장점으로 알맞은 것에 ○표 하세요.

노랫말의 내용을 예측할 수 (있고, 없고), 노랫말을 읽을 때 더 (지루하게, 흥미롭게) 읽을 수 있다.

 다음 글을 읽고, 예측하며 글을 읽는 방법을 알아보세요.

집 안 청소

학교에서 돌아와 집에 들어와 보니, 엄마가 시장에 가셨는지 집 안에 아무도 없었다. 갑자기 오늘 학교에서 내 준 숙제가 떠올랐다. 부모님을 도와드린 후 일기를 쓰는 숙제였다. 집에 부모님이 안 계신 동안 학교 숙제를 하기로 마음먹고 청소를 해 보기로 했다.

먼저 거실과 방에 어질러져 있는 옷가지와 장난감, 책 등을 제자리에 두었다. 청소기로 바닥의 먼지를 제거한 후 물걸레로 책상과 창틀을 닦기 시작하였다. 창틀을 닦은 후 물걸레를 보고 깜짝 놀랐다. 매일매일 엄마가 창틀을 물걸레로 닦으셨는데도 하루 만에 창틀에 먼지가 쌓여 방금 닦은 물걸레가 까맣게 되어 있었다. 이것을 보고 공기의 오염이 매우 심각하다는 것을 새삼 깨닫게 되었다.

💡 제목을 보고 글의 내용을 짐작해 보세요.

 다음은 이 글을 읽기 전 「집 안 청소」라는 글의 제목을 보고 떠올린 생각입니다. 빈칸에 들어갈 알맞은 말을 쓰세요.

> 집에서 (   )를 하면서 일어난 일에 대해 썼을 것 같아.

글쓴이가 집 안 청소를 하기로 한 까닭은 무엇인가요? (   )

① 집 안이 너무 더러워서
② 학교 숙제를 하기 위해서
③ 새 청소기를 써 보고 싶어서
④ 친구가 집에 놀러 오기로 해서
⑤ 엄마께서 청소를 하라고 시키셔서

 집 안 청소를 한 후 글쓴이가 깨달은 것은 무엇인가요? (   )

① 수질 오염이 심각하다.
② 공기 오염이 심각하다.
③ 창틀은 잘 더러워지지 않는다.
④ 그동안 청소가 제대로 되지 않았다.
⑤ 집 안에서 창가가 가장 더러운 곳이다.

헷갈리기 쉬운 말

● 다음 그림을 보고, 빈칸에 들어갈 알맞은 말을 골라 ◯표 하세요.

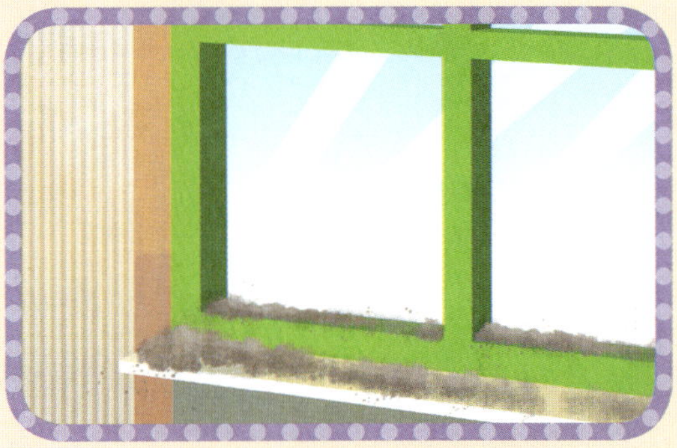

창틀에 먼지가 (　　　　).

싸이다　　　쌓이다

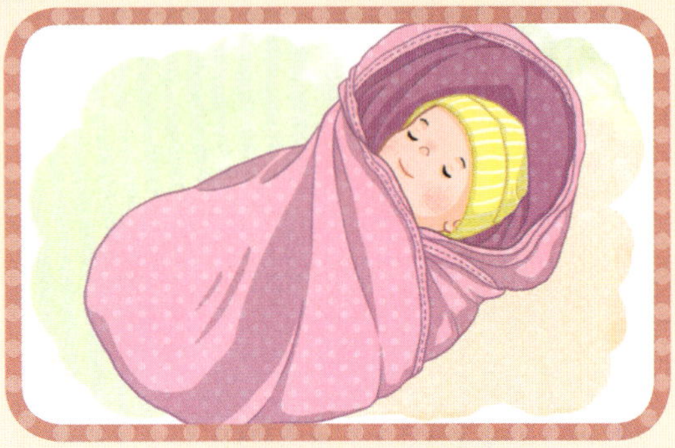

아기가 포대기에 (　　　　).

싸이다　　　쌓이다

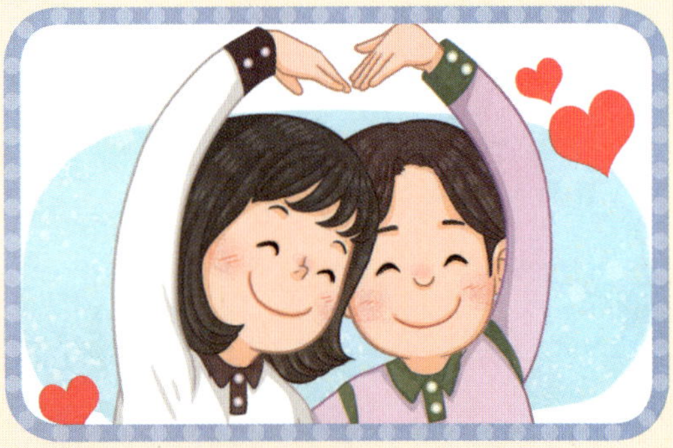

두 친구 사이의 우정은 매우 (　　　　).

두껍다　　　두텁다

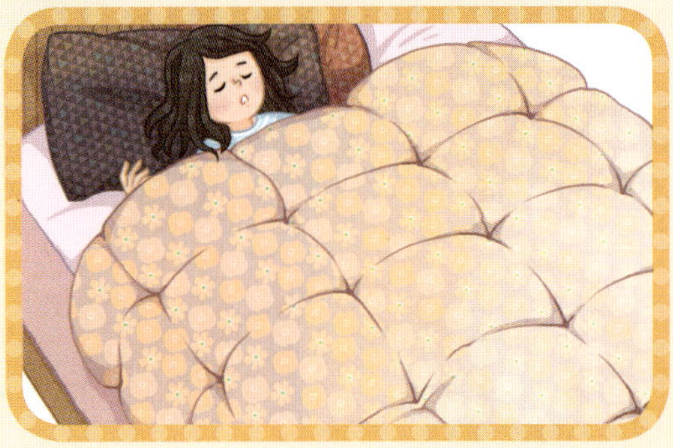

겨울용으로 새로 산 이불이 (　　　　).

두껍다　　　두텁다

7주 1일
정답 확인

오늘 나의 실력을 평가해 봐!

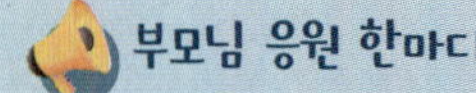 부모님 응원 한마디

예측하며 읽기 ❷

🌱 다음 글을 읽고 물음에 답해 봅시다.

새들의 집짓기

가 딱따구리는 나무에 구멍을 파서 집을 짓는다. 집을 짓기 위하여 구멍을 팔 때에는, 앞뒤로 두 개씩 난 발가락에 달린 발톱으로 나무를 움켜잡고 단단한 꽁지깃으로 몸을 지탱한다. 딱따구리는 한 번 만든 집을 몇 해 동안 쓴다.

나 까치는 1~2월쯤에 둥지를 만든다. 주로 은행나무, 느티나무, 소나무 등 키가 큰 나무의 꼭대기에 집을 짓는다. 도시에서는 철탑에 집을 짓기도 한다. 까치는 집을 지을 때에 비가 새지 않게 지붕을 만들고, 어미 새가 겨우 드나들 정도의 작은 구멍을 옆으로 낸다.

1 이 글을 읽기 전에 글의 제목을 보고 예측한 내용으로 알맞은 것에 ⭕표 하세요.

(1) 새들이 집을 짓는 방법을 담고 있을 것이다. ·····························(   )

(2) 여러 가지 새의 종류, 생김새 등을 담고 있을 것이다. ····················(   )

2 이 글을 읽고 알게 된 사실로 알맞지 <u>않은</u> 것은 무엇인가요? (   )

① 까치는 1~2월쯤 둥지를 만든다.

② 딱따구리는 매년 새로운 집을 짓는다.

③ 까치는 집을 지을 때 작은 구멍을 낸다.

④ 딱따구리는 나무에 구멍을 파서 집을 짓는다.

⑤ 까치는 주로 키가 큰 나무의 꼭대기에 집을 짓는다.

다음 글을 읽고 물음에 답해 봅시다.

이로운 곤충과 해로운 곤충

날이 가물었을 때, 화단에 나가 보면 식물의 잎줄기에 다닥다닥 붙어 있는 ㉠연두색의 작은 곤충을 발견할 수 있다. 그 곤충을 그대로 두면 식물의 잎이 누렇게 말라 죽는다. 그런데 어느 틈에 무당벌레가 날아와 연두색의 작은 곤충을 잡아먹는 것을 볼 수 있다. 이처럼 우리 주변에는 우리에게 이익을 주는 곤충과 해를 끼치는 곤충이 있다.

무당벌레는 식물의 줄기나 잎에 붙어서 진을 빨아 먹는 진딧물을 잡아먹는다. 그래서 ㉡정원을 아름답고 깨끗하게 만들어 주는 정원사라고 할 수 있다. 또, 벌은 이 꽃 저 꽃을 날아다니며 꿀을 모으고, 꽃가루를 옮겨 주어 식물이 열매를 맺도록 도와준다. 나비도 날아다니며 꽃가루를 옮겨 준다.

무당벌레, 벌, 나비처럼 이익을 주는 곤충도 있지만, 파리나 모기와 같이 해를 끼치는 곤충도 있다. 파리는 음식물에 병균을 옮기고, 모기는 동물의 몸에 붙어 피를 빨아 먹기도 하며 전염병을 옮기기도 한다.

3 이 글을 읽기 전에 「이로운 곤충과 해로운 곤충」이라는 글의 제목을 보고 내용을 알맞게 예측한 친구의 이름을 쓰세요.

소희: 사람에게 도움이 되는 곤충들과 사람에게 피해를 주는 곤충들에 대하여 알려 주는 글일 것 같아.

준서: 다양한 곤충들이 어떻게 태어나고 살아가는지 곤충의 일생에 대하여 자세히 알 수 있는 글일 것 같아.

(　　　　　　)

4 ㉠에 해당하는 것은 무엇인가요? (　　　　)

① 나비　　　② 모기　　　③ 파리　　　④ 진딧물　　　⑤ 무당벌레

5 ㉡이 가리키는 곤충으로 알맞은 것은 무엇인가요? (　　　　)

① 벌　　　② 나비　　　③ 모기　　　④ 파리　　　⑤ 무당벌레

6 벌과 나비가 이익을 주는 곤충인 까닭은 무엇인지 빈칸에 들어갈 알맞은 말을 보기 에서 찾아 각각 쓰세요.

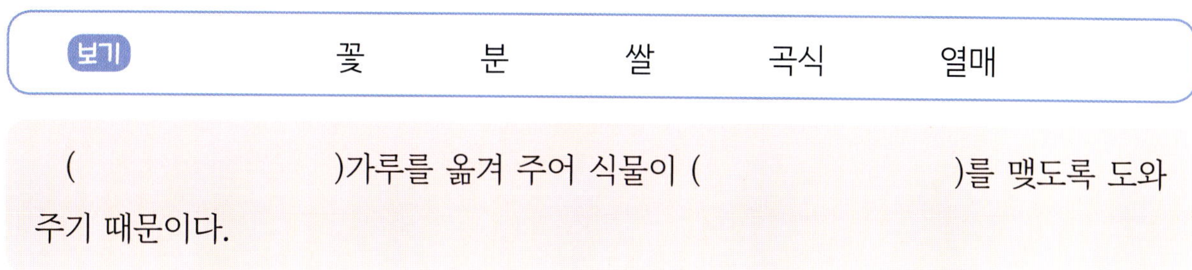

보기   꽃   분   쌀   곡식   열매

(   )가루를 옮겨 주어 식물이 (   )를 맺도록 도와 주기 때문이다.

7 우리에게 해를 끼치는 곤충을 모두 찾아 〇표 하세요.

벌   나비   모기   파리   진딧물   무당벌레

8 글을 읽기 전에 미리 제목을 살펴보면 어떤 점이 좋은지 빈칸에 들어갈 알맞은 말을 찾아 선으로 이으세요.

글의 내용을 ( )할 수 있다.	• •	마음
글과 관련된 ( )을 떠올릴 수 있다.	• •	경험
글을 읽고 싶은 ( )이 더 생길 수 있다.	• •	예측

9 빈칸에 알맞은 말을 써서, 이 글의 내용을 정리해 보세요.

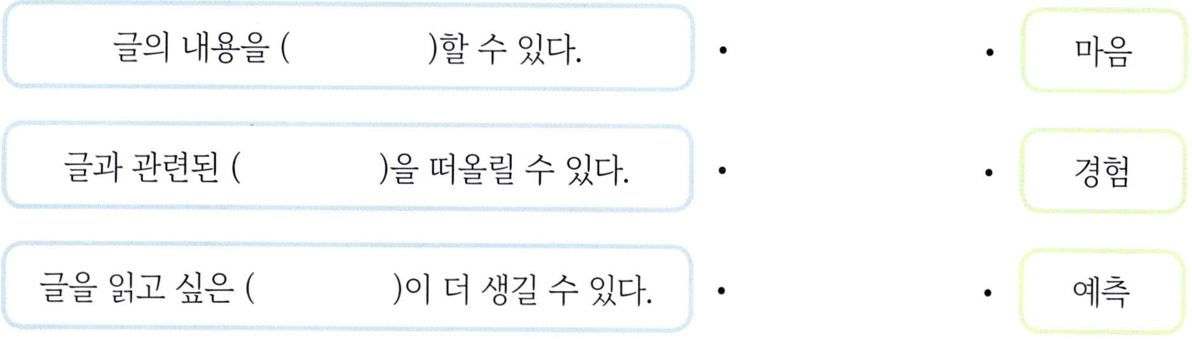

무당벌레, 벌, 나비는 　　 을 주는 곤충이고, 진딧물, 파리, 모기는 　　 을 끼치는 곤충입니다.

흉내 내는 말

● 다음 그림을 보고, 흉내 내는 말을 보기 에서 골라 빈칸에 알맞게 쓰세요.

> 보기 다닥다닥 듬성듬성 우물우물 찔끔찔끔

게시판에 여러 전단이 ☐☐☐☐ 붙어 있다.

껌을 입에 넣고 ☐☐☐☐ 씹었다.

지하철 안에 사람들이 ☐☐☐☐ 앉아 있다.

수도꼭지가 덜 잠겨서 물이 ☐☐☐☐ 나온다.

예측하며 읽기 ③

 다음 글을 읽고 물음에 답해 봅시다.

점박이: 한반도의 공룡

- 소개말: 영화 「점박이: 한반도의 공룡」을 바탕으로 하여 쓴 글이다. 타르보사우루스 가족의 막내로 태어난 점박이를 중심으로 8천만 년 전 우리나라에서 살았던 공룡의 모습을 생생하게 표현하였다.

- 차례

1 제목과 소개말, 차례를 보고 글의 내용을 예측한 것으로 알맞지 <u>않은</u> 것은 무엇인가요?

(   )

① 점박이는 홀로서기를 할 것이다.
② 점박이는 첫 사냥을 할 때 설레는 마음일 것이다.
③ 점박이가 태어났을 때의 이야기가 담겨 있을 것이다.
④ 우리나라에 공룡이 이주해 온 까닭이 담겨 있을 것이다.
⑤ 우리나라에서 살았던 공룡들의 모습이 담겨 있을 것이다.

다음 글을 읽고 물음에 답해 봅시다.

가 『우주대여행』의 차례

<table>
<tr><td colspan="3">• 차례</td></tr>
<tr><td>4 우주 로켓 발사대</td><td>24 금성</td><td>44 가까운 별들</td></tr>
<tr><td>6 우주여행</td><td>26 지구</td><td>46 북반구 하늘의 별</td></tr>
<tr><td>8 우주에서의 생활</td><td>28 화성</td><td>48 남반구 하늘의 별</td></tr>
<tr><td>10 우주 이용</td><td>30 목성</td><td>50 별의 생애</td></tr>
<tr><td>12 달을 향해</td><td>32 토성</td><td>52 별의 노화와 죽음</td></tr>
<tr><td>14 달</td><td>34 천왕성</td><td>54 은하 도시</td></tr>
<tr><td>16 지구의 위성</td><td>36 해왕성</td><td>56 국부 은하군</td></tr>
<tr><td>18 태양계</td><td>38 명왕성</td><td>58 폭발 은하</td></tr>
<tr><td>20 새로운 탐사</td><td>40 혜성</td><td>60 대우주</td></tr>
<tr><td>22 수성</td><td>42 태양</td><td>62 거기 누구 있어요?</td></tr>
</table>

나 『우주대여행』의 내용

6. 우주여행

우주는 멀지 않다. 자동차를 타고 하늘을 향해 달릴 수 있다면 2시간이면 가는 거리이다. 그러나 몇 가지 문제가 있다.

첫째, 지구의 강한 중력이 모든 것을 아래쪽으로 잡아당기고 있다. 지구를 떠나기 위해서는 초속 1킬로미터, 즉 시속 약 4만 킬로미터(지구 탈출 속도)를 낼 수 있어야 한다. 둘째, 우주에는 공기가 없다. 일단 우주로 나가면 공기에 의지해 기체를 지탱하거나 움직일 수가 없다. 하지만 로켓 엔진으로는 진공 속을 날 수 있고, 중력에서 벗어날 수 있을 만큼의 속력을 낼 수도 있다.

– 헤더 쿠퍼·나이젤 헨베스트 글, 박인식 옮김, 『우주대여행』 중에서

2 다음은 이 책의 제목인 『우주대여행』을 보고 어떤 내용이 담겨 있을지 예측한 것입니다. 알맞은 말에 ○표 하세요.

> 이 책은 (우주, 해외여행)에 대한 내용을 담고 있을 것 같아.

3 이 책의 차례를 보고 예측할 수 있는 것을 알맞게 말한 친구의 이름을 쓰세요.

> 준서: 지구의 위성인 달에 대한 내용이 없으므로 다른 책을 찾아보아야겠어.
>
> 연희: 별이나 행성, 위성에 대한 설명이 대부분이어서 별자리와 블랙홀에 대해 알고 싶
> 으면 다른 책을 찾아보는 것이 좋겠어.

(   )

4 자동차를 타고 하늘을 향해 달릴 수 있다면 우주까지 얼마의 시간이 걸리나요? (   )

① 1시간   ② 2시간   ③ 3시간   ④ 4시간   ⑤ 5시간

5 우주에 쉽게 갈 수 없는 까닭으로 알맞은 것을 두 가지 고르세요. (,   )

① 우주까지의 거리가 너무 멀다.
② 우주에는 공기가 없어 움직이기 어렵다.
③ 우주여행을 하겠다는 지원자가 별로 없다.
④ 지구의 중력 때문에 지구를 떠나기 어렵다.
⑤ 우주의 환경이 오염되어 사람이 살기 어렵다.

6 이 책과 관련된 자신의 경험을 알맞게 말한 것을 골라 ○표 하세요.

우주에 대한 영화를 본 적이 있어. 그곳에는 공기가 없어서 산소를 공급해 주는 장치를 착용해야 했어.	환경 오염을 주제로 글짓기를 한 적이 있어. 공기 오염으로 사람들이 평소에도 마스크를 써야 한다는 내용으로 글을 썼어.

7 알맞은 말에 ○표 하여, **나**의 내용을 정리해 보세요.

> 지구의 강한 중력이 모든 것을 (위쪽, 아래쪽)으로 잡아당기고 있고, 우주에는 (공기, 수증기)
> 가 없기 때문에 우주에 쉽게 갈 수 없습니다.

뜻이 비슷한 말

○ 다음 그림을 보고, 밑줄 친 말과 뜻이 비슷한 말을 찾아 선으로 이으세요.

양팔로 몸을 지탱하다.

버티다

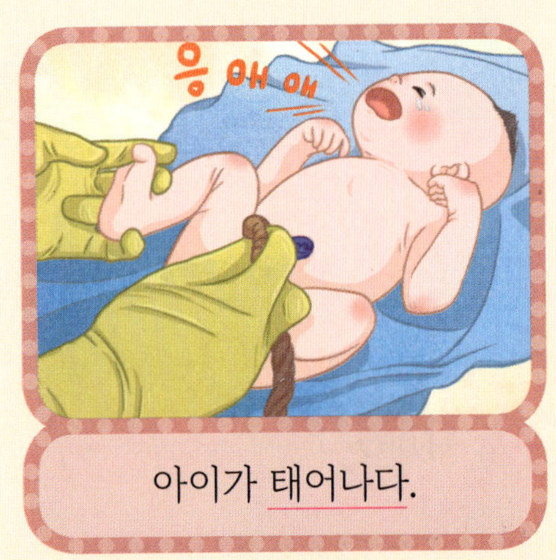

아이가 태어나다.

쓰다

수영모를 착용하다.

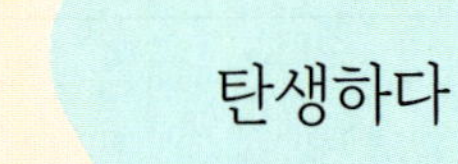

탄생하다

오늘 나의 실력을 평가해 봐!   🐾 부모님 응원 한마디

예측하며 읽기 ④

🌳 다음 시를 읽고 물음에 답해 봅시다.

전학

최예나

단짝 친구가
전학을 갔다.
벌써 그립다.

왜 전학을 갔는지
왜 혼자만 갔는지

실뜨기도
보드게임도
재미없다.

쉬는 시간도
점심시간도
즐겁지 않다.

1 이 시의 제목을 읽고 떠올린 경험으로 알맞은 것을 찾아 ○표 하세요.

작년에 나랑 제일 친했던 친구가 전학을 가서 울었던 경험이 떠올랐어. ☐

겨울 방학에 가족과 여행을 가서 재미있게 게임을 했던 경험이 떠올랐어. ☐

2 이 시에서 말하는 이의 마음으로 알맞지 <u>않은</u> 것은 무엇인가요? (   )

① 전학 간 친구가 그립다.
② 점심시간도 즐겁지 않다.
③ 쉬는 시간도 즐겁지 않다.
④ 이제 새로운 놀이를 해 보고 싶다.
⑤ 친구와 함께하던 놀이도 재미없다.

삼계탕에 담긴 행복

하루는 어머니가 식당 주인의 허락을 받고 식당에서 다 팔고 남은 삼계탕을 가지고 왔습니다.

"와, 닭고기다."

칠 남매는 무섭게 달려들어 먹기 시작하였습니다. 어머니는 흐뭇한 표정으로 그 모습을 바라보았습니다. 그때 큰딸이 어머니를 보고 말하였습니다.

"어머니는 왜 안 드세요?"

"〔　　　　　　　　　　　ㄱ　　　　　　　　　　　〕 그래서 어렸을 때부터 닭고기는 입에 대지 않았어. 어서 많이 먹어라."

칠 남매는 국물에 밥을 말아 싹싹 긁어 먹고는 오랜만에 맛있는 음식을 먹었다며 좋아하였습니다.

<가운데 이야기의 줄거리> 시간이 지나 칠 남매는 학교를 졸업하고 취직을 하였습니다. 모두들 열심히 노력하여 재산도 모았습니다. 하지만 칠 남매의 어머니는 늙고 병들어 병원에 누워 있게 되었습니다. 그러자 칠 남매는 어머니를 위해 좋은 선물을 한 가지씩 하기로 하고 한자리에 모였습니다.

막내딸이 내놓은 삼계탕을 보고 남매들은 깜짝 놀랐습니다.

"아니, 막내야. 어머니는 삼계탕을 드시면 두드러기가 나잖아. 잊어버린 거야?"

하지만 어머니는 막내가 끓여 온 삼계탕을 어떤 음식보다도 맛있게 먹었습니다. 어머니가 국물도 남기지 않고 그릇을 깨끗이 비우자 여섯 남매는 다시 놀랐습니다.

여섯 남매는 막내를 한쪽으로 데리고 가서 조용히 물었습니다.

"막내야, 너는 어머니께서 삼계탕을 잘 드시는지 어떻게 알았니?"

"우리가 어렸을 적 삼계탕을 많이 먹었을 때 어머니는 안 드셨어. 그런데 내가 물 마시려고 부엌에 갔을 때 설거지를 하고 계신 어머니를 보았어. 그때 어머니는 우리가 다 먹은 삼계탕 그릇에 들어 있던 닭 뼈를 빨고 계셨어. 살점 하나 남지 않은 그 닭 뼈를 말이야."

ㄴ 나머지 남매들은 가만히 고개를 끄덕였습니다.

– 고수산나·양미진, 『행복한 동화 – 마음이 따뜻해지는 36가지 이야기–』 중에서

3 다음은 「삼계탕에 담긴 행복」이라는 글을 읽기 전에 제목과 아래의 그림을 보고 예측한 내용입니다. 빈칸에 들어갈 알맞은 말을 이 글에서 찾아 쓰세요.

그림을 보니 어머니는 어린 자식들이 삼계탕을 먹는 모습만 바라보다가, 자식들이 크고 나서는 삼계탕을 맛있게 드시고 있습니다. 따라서 이 이야기는 어린 자식들을 위해 (   )가 자신이 좋아하는 삼계탕을 양보하였다는 내용일 것 같습니다.

4 칠 남매가 어렸을 적 삼계탕을 먹을 때 어머니의 마음은 어떠하였을까요? (   )

① 두려움　　　② 비참함　　　③ 속상함　　　④ 흐뭇함　　　⑤ 고통스러움

5 남매들의 대화로 미루어 볼 때, ㉠에 들어갈 어머니의 말씀을 완성하여 쓰세요.

나는 닭고기를 먹으면 몸에 (   )가 난단다.

6 ㉡에서 막내의 말에 나머지 남매들이 고개를 끄덕인 까닭은 무엇일까요? (   )

① 어머니께서 닭 뼈를 좋아하신다는 것을 깨달았기 때문에
② 막내가 삼계탕을 맛있게 잘 끓인다는 것을 알았기 때문에
③ 어머니께서 칠 남매를 위해 삼계탕을 양보하신 것임을 깨달았기 때문에
④ 어머니께서 가져오신 삼계탕이 식당에서 팔고 남은 것임을 알게 되었기 때문에
⑤ 어머니께서 삼계탕 그릇을 설거지하느라 고생하셨다는 것을 알게 되었기 때문에

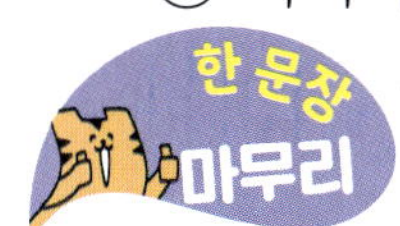

7 알맞은 말에 ○표 하여, 이 글의 내용을 정리해 보세요.

칠 남매는 뒤늦게 어머니께서 어린 자식들을 위해 삼계탕을 (양보했다는, 훔쳤다는) 것을 알게 되었습니다.

뜻이 여러 가지인 말

○ '비우다'는 뜻이 여러 가지인 말입니다. 밑줄 친 '비우다'의 알맞은 뜻을 골라 빈칸에 번호를 쓰세요.

비우다	① 안에 든 것을 없애 속을 비게 하다. ② 시간을 자유롭게 하다. ③ 욕심이나 집착을 버리다.

삼계탕 한 그릇을 깨끗이 <u>비우다</u>.

→ (   )

명상을 하며 마음을 <u>비우다</u>.

→ (   )

가족여행을 위해 이번 주 주말을 <u>비우다</u>.

→ (   )

예측하며 읽기 ⑤

🌳 다음 광고를 보고 물음에 답해 봅시다.

안전 교육이 비상구입니다!

- 공공시설에서는 소화기, 비상구 등 안전시설을 먼저 확인!
- 고층 건물에서는 엘리베이터보다 계단으로 대피!
- 고함을 지르기보다는 각종 도구를 이용하여 구조 요청!
- 유리창과 반대 방향으로 얼굴을 향하게 하여 대피!
- 휴지 10장의 위력, 방독면과 같습니다!

안전을 생활화합시다

1 이 광고의 그림과 제목을 바탕으로 광고의 내용을 알맞게 예측한 것에 ◯표 하세요.

(1) 비상구로 먼저 나가야 하는 사람이 누구인지 이야기할 것 같아. ·········· (   )

(2) 위험한 일이 생겼을 때 대비할 수 있도록 안전 교육을 받아야 함을 이야기할 것 같아.
··· (   )

2 이 광고를 보고 위급 상황에 알맞게 대응한 것을 골라 ◯표 하세요.

불이 나서 22층에서 엘리베이터를 타고 대피했어.	유리창과 반대 방향으로 얼굴을 향하게 하고 대피했어.
☐	☐

풍년이 들어도 걱정

벼가 익어 들판이 황금 가루를 뿌려 놓은 것처럼 아름다웠어요. 들판에 빈틈없이 빽빽하게 서 있는 벼들은 보기만 해도 배가 부를 정도였어요.

"올해도 풍년이네그려."

"그런데 전국적으로 다 풍년이라니, 이러다가는 올해 농사도 헛고생만 하는 건 아닐까? 후유."

참 이상한 일이었어요. 농부 아저씨들이 벼가 누렇게 잘 익은 논을 바라보면서 연방 한숨을 내쉬고 있는 거예요.

한숨은 산 너머 과수원에서도 들려왔어요.

"어이, 김 씨! 자네 사과밭에도 사과가 주렁주렁 열렸군."

"그래, 올해는 사과가 대풍년이라네."

㉠"사과가 대풍년이면 뭘 해! 남는 게 있어야지."

과수원을 하는 김 씨 아저씨와 박 씨 아저씨도 잘 익은 사과를 보면 기쁘면서도 다른 한편으로는 걱정이 이만저만이 아니었어요.

옛날에는 풍년이 들면 너나없이 좋아하였어요. 그러나 이제는 어떻게 된 노릇인지 ㉡풍년이 들어도 걱정을 해야 하는 세상이 되었다며 농부 아저씨들이 혀를 끌끌 찼어요.

농부 아저씨들이 걱정을 하는 까닭은 바로 가격 때문이에요. 작년에도 풍년이 들었지만 기쁨은 잠시뿐이었어요. 풍년이 들어 쌀의 생산량이 많아지자 쌀값이 형편없이 떨어졌어요. 쌀은 많이 수확하였는데 사람들이 쌀을 사는 양은 다른 때와 비슷하였어요. 그러니까 쌀값이 떨어질 수밖에 없었던 것이지요.

쌀뿐만 아니라 과일이나 채소도 마찬가지였어요. 팔 물건은 많은데 살 사람이 많지 않다면 당연히 물건값이 떨어지는 것이지요. 올해는 특히 날씨가 좋아 벼뿐만 아니라 과일과 채소 같은 농산물이 모두 풍년이었어요. 그래서 농부 아저씨들이 가격을 걱정할 수밖에 없었지요.

– 고수산나, 『피노키오의 몸값은 얼마일까요?』 중에서

3 이 글의 제목을 보고 예측한 내용을 알맞게 말한 친구의 이름을 쓰세요.

원필: 풍년이 들어도 걱정할 일이 생긴다는 것을 이야기한 글인 것 같아.

솔희: 봄부터 가을까지 농작물을 키우는 과정을 자세하게 쓴 글인 것 같아.

(   )

4 ㉠에 담긴 숨은 의미로 가장 알맞은 것은 무엇인가요? (   )

① 사과가 많이 열렸지만 모두 상해서 먹을 게 없다.

② 사과는 대풍년이지만 다른 과일이 흉년이어서 손해이다.

③ 사과값이 떨어지면 과수원 농부들에게 돌아가는 이익이 적다.

④ 사과를 다 팔았기 때문에 가족들이 먹을 사과가 남아 있지 않다.

⑤ 과수원 주인이 아니어서 사과가 많이 열려도 이익을 얻을 수 없다.

5 ㉡을 읽고, 비판적으로 이해한 내용으로 알맞은 것을 골라 ○표 하세요.

(1) 풍년이 들면 손해이니까 농부들이 힘들게 노력할 필요가 없겠어. ·········· (   )

(2) 물건을 사려는 사람들이 얼마나 될지 미리 생각해서 적당한 양의 농산물을 생산하는 것
이 좋겠어. ·· (   )

6 이 글을 비판적으로 평가한 내용으로 알맞지 <u>않은</u> 것은 무엇인가요? (   )

① 농부들의 입장에만 치우친 내용은 없는지 살펴봐야겠어.

② 농산물 가격의 안정을 위한 대책에 무엇이 있는지 살펴봐야겠어.

③ 농부들이 손해를 보지 않도록 하는 대책은 없었는지 확인해 봐야겠어.

④ 농사는 힘든 일이니까 농부들의 일손을 덜어 줄 해결책을 찾아봐야겠어.

⑤ 풍년이 들면 실제로 농부가 손해를 보는지 조사 결과를 확인해 봐야겠어.

7 알맞은 말에 ○표 하여, 이 글의 내용을 정리해 보세요.

농부 아저씨들은 (풍년, 흉년)이 들었지만, 농산물의 가격이 (낮아질, 높아질) 것 같아서
걱정하고 있습니다.

관용 표현

○ 다음 그림을 보고, 밑줄 친 관용 표현의 알맞은 뜻을 찾아 선으로 이으세요.

방을 보고 혀를 차다.

함께 모여
의논하다.

우리 어머니는 손이 크다.

씀씀이가
후하고 크다.

문제를 해결하기 위해
이마를 맞대다.

마음이 언짢거나
불만스러운 뜻을
나타내다.

오늘 나의 실력을 평가해 봐!

부모님 응원 한마디

8주 1일

이어질 내용 짐작하기 ①

서아와 현우 중 이어질 내용을 알맞게 짐작한 친구를 찾아 ○표 하세요.

이어질 내용을 알맞게 짐작한 친구는 (서아, 현우)입니다.

이야기에서 이어질 내용을 짐작하기 위해서는, 먼저 어떤 일들이 일어났는지 살펴보며 이야기의 흐름을 파악해야 해요. 그리고 앞 내용과의 인과 관계를 생각하며 자연스럽게 연결될 내용을 짐작할 수 있어야 해요. 자, 이제 글을 읽으며 이야기의 흐름이 자연스러우면서도 앞부분에 나온 내용과 잘 어울리도록 이어질 내용을 짐작해 볼까요?

"수아야, 오늘이 무슨 요일인지 알지? 가족 봉사 활동 가기로 한 일요일이잖아. 얼른 일어나."

나는 다시 이불을 뒤집어썼지만 곧 엄마에게 빼앗기고 말았다.

우리 가족이 간 곳은 할머니, 할아버지들이 계시는 요양원이었다.

뭘 해야 할까 두리번거리고 있을 때 안경 쓴 할머니가 나에게 오라고 손짓을 했다.

"여기 책 좀 읽어 줄래? 내가 이래 봬도 예전에는 문학소녀여서 책을 많이 읽었는데 요즘은 눈이 침침해서 글씨가 잘 안 보이는구나."

할머니는 낡은 책 한 권을 내미셨다. 다른 책이 없어서 같은 책만 스무 번을 넘게 읽으셨다고 했다.

할머니는 눈을 감고 책 읽는 내 목소리에 귀를 기울이셨다.

"할머니, 다음에 올 때 재미있는 책을 가지고 올게요."

나는 할머니와 약속을 했다.

— 고수산나, 『콩 한 쪽도 나누어요』 중에서

수아네 가족이 봉사 활동을 하러 찾아간 곳은 어디인가요? (   )

① 고아원   ② 보육원   ③ 요양원   ④ 유치원   ⑤ 장애인 복지관

수아가 할머니와 한 약속으로 알맞은 것에 ○표 하세요.

다음에 올 때 재미있는 책을 가지고 오겠다.	다음에 올 때 새로 맞춘 안경을 가져다 드리겠다.
( )	( )

수아와 할머니의 대화로 볼 때, 이어질 내용으로 알맞은 것에 ○표 하세요.

(1) 수아가 할머니의 낡은 책을 버릴 것이다. ······························ (   )

(2) 수아가 새로운 책을 가지고 요양원에 갈 것이다. ························ (   )

 **다음 이야기를 읽고, 이어질 내용을 짐작해 보세요.**

옛날에 온 동네에서 알아주는 구두쇠인 자린고비 영감이 살았습니다.

㉠밥 한 숟가락을 입에 넣고는 반찬을 먹는 대신 천장에 매달린 굴비를 쳐다보았습니다.

㉡짚신 닳는 것이 아까워 짚신을 허리에 차고 맨발로 걸어 다녔습니다.

마을 사람들은 그런 자린고비 영감을 구두쇠라고 비웃으며 피했습니다.

 **자린고비 영감이 ㉠, ㉡처럼 행동한 까닭으로 알맞은 것은 무엇인가요? (   )**

① 돈을 아끼기 위해서
② 생선을 별로 좋아하지 않아서
③ 마을 사람들과 친해지고 싶어서
④ 마을 사람들에게 인정을 받고 싶어서
⑤ 맨발로 걷는 것이 건강에 좋다고 해서

 **이다음에 이어질 내용을 알맞게 짐작한 것을 골라 ○표 하세요.**

자린고비 영감이 지나치게 돈을 아끼는 또 다른 일	자린고비 영감이 마을 사람들의 존경을 받아 원님이 되는 일	자린고비 영감이 모은 돈을 모두 마을 사람들에게 나누어 주는 일
☐	☐	☐

소리는 같지만 뜻이 다른 낱말

● 다음 밑줄 친 낱말의 알맞은 뜻을 찾아 기호를 쓰세요.

차다
㉠ 물건을 허리나 팔목, 발목 등에 매어 달거나 걸거나 끼우다.
㉡ 온도가 낮아 따뜻한 느낌이 없다.

날씨가 <u>차다</u>.

( )

허리띠를 <u>차다</u>.

( )

감다
㉠ 눈꺼풀로 눈을 덮다.
㉡ 어떤 물체를 다른 물체에 말거나 빙 두르다.

실을 실패에 <u>감다</u>.

( )

잠이 오지 않았지만 억지로 눈을 <u>감다</u>.

( )

이어질 내용 짐작하기 ❷

 다음 이야기를 읽고 물음에 답해 봅시다.

옛날 어느 마을에 고기 파는 일을 하던 박바우라는 노인이 있었다. 어느 날 젊은 양반 두 사람이 고기를 사러 왔다. 먼저 온 양반은 박 노인에게 이렇게 말하였다.

"바우야, 쇠고기 한 근만 다오." / "알겠습니다."

박 노인은 건성으로 대답하며 대충 고기를 잘라 주었다. 그런데 뒤이어 들어온 양반은 깍듯하게 좋은 말투로 부탁하였다.

"박 서방, 쇠고기 한 근만 주시오." / "아이고, 네. 조금만 기다리시지요."

박 노인은 웃으면서 대답하고, 가장 좋은 부위의 고기를 뭉텅 잘라 주었다.

1 박 노인이 손님들에게 고기를 다르게 준 까닭을 알맞게 말한 친구의 이름을 쓰세요.

> 은성: 두 양반이 자기를 대하는 태도가 달랐기 때문이야.
> 해인: 뒤에 온 양반과 더 오랫동안 알고 지냈기 때문이야.

(   )

2 먼저 온 양반에게 다음과 같은 말을 들은 박 노인의 대답으로 알맞은 것에 〇표 하세요.

> "야, 바우야! 똑같은 한 근인데, 어째서 이렇게 다르게 주느냐? 말 좀 해 봐라!"

(1) "손님이 착각하신 것이랍니다. 두 고기는 같은 부위, 같은 크기입니다." ···· (   )

(2) "손님 것은 바우 놈이 자른 것이고, 이분 것은 박 서방이 자른 것이기 때문이랍니다."

··· (   )

다음 이야기를 읽고 물음에 답해 봅시다.

민준이네 학교에서는 한 학기에 한 번 줄넘기 대회가 열려요. 줄넘기 기록이 좋은 어린이나 실력이 많이 는 어린이는 상장을 받아요. 민준이는 다른 운동은 잘 못하지만 줄넘기라면 조금 자신이 있어요. 1학년 때부터 아빠와 꾸준히 해 온 운동이니까요. 민준이는 자신도 잘할 수 있는 운동이 있다는 것을 친구들에게 보여 주고 싶어서 열심히 연습하였어요.

오늘은 줄넘기 대회가 열리는 날이에요. 민준이는 어제 집에 가서도 1시간이나 연습했어요. 잘할 자신이 있기는 하지만 대회에서 실수하면 안 되니까요. 2교시 체육 시간이 되었어요. 그런데 줄넘기가 보이지 않았어요. '가방 안에 분명히 넣어 두었는데……' 민준이는 당황하였어요. 그러다가 어제 연습을 하고 현관에 놓아 둔 줄넘기가 생각났어요. 민준이는 할 수 없이 옆 반 찬우에게 줄넘기를 빌렸어요.

선생님의 시작 신호에 맞추어 아이들이 줄넘기를 하기 시작하였어요. 하지만 키가 큰 찬우의 줄넘기는 민준이에게 너무 길었고 자꾸만 발에 걸렸어요. 정욱이가 말하였어요.

"민준아, 왜 자꾸 걸리고 그래? 침착하게 잘 좀 해 봐."

하지만, 민준이의 마음은 조급해지기 시작하였고, 그럴수록 줄은 점점 더 꼬이고 발이 자꾸 걸려서 줄넘기를 넘는 것이 힘들었어요.

3 민준이가 줄넘기를 자신 있어 하는 까닭은 무엇인가요? (   )

① 줄넘기 선수라서
② 원래 모든 운동을 잘해서
③ 줄넘기 대회에서 상장을 받아서
④ 다른 친구들의 칭찬을 많이 들어서
⑤ 1학년 때부터 꾸준히 해 온 운동이라서

4 줄넘기 대회가 열리는 날 민준이가 당황한 까닭으로 알맞은 것에 ○표 하세요.

옆 반 찬우가 줄넘기를 빌려주지 않으려고 해서	잘할 자신이 있지만 갑자기 다리가 너무 아파 와서	가방에 넣어 두었다고 생각한 줄넘기가 보이지 않아서

5 줄넘기 대회에서 민준이의 마음이 조급해진 까닭은 무엇인가요? (   )

① 연습을 많이 하지 않았기 때문에

② 대회 시작 시간을 잘못 알았기 때문에

③ 친구들이 자꾸 민준이를 방해했기 때문에

④ 키가 큰 찬우의 줄넘기가 자꾸 발에 걸렸기 때문에

⑤ 찬우의 줄넘기가 너무 짧아 제대로 넘을 수 없었기 때문에

6 다음은 이 이야기의 뒷부분입니다. 빈칸에 들어갈 내용으로 알맞은 것을 두 가지 고르세요.

(,   )

> 정해진 시간이 끝났을 때, (   ). 찬우와 정욱이를 비롯한 친구들은 다음에 기회가 또 있다며, 힘을 내라고 민준이를 위로해 주었어요.

① 민준이는 줄넘기를 빌려준 찬우에게 화를 냈습니다.

② 민준이는 갑자기 줄을 많이 넘어 대회에서 1등을 했습니다.

③ 민준이는 평소의 절반 정도밖에 줄넘기를 넘지 못하였습니다.

④ 민준이는 자신의 기록에 실망해서 눈물이 날 것 같았습니다.

⑤ 민준이는 정욱이가 시끄럽게 해서 줄을 넘지 못했다고 화를 냈습니다.

7 민준이에게 해 줄 수 있는 말로 알맞은 것을 두 가지 골라 ○표 하세요.

민준아, 너무 실망하지 마.	이제는 평소에 꾸준히 연습을 하도록 해.	다음에는 잊지 말고 준비물을 잘 챙겨 오자.
( )	( )	( )

한 문장 마무리

8 알맞은 말에 ○표 하여, 이 글의 내용을 정리해 보세요.

> 민준이는 줄넘기 대회 날 자신의 줄넘기를 집에 (가지고, 두고) 왔고, 친구에게 빌린 줄넘기가 자꾸 발에 걸려서 줄을 넘는 것이 (즐거웠습니다, 힘들었습니다).

재미있는 어휘 놀이터

단위를 나타내는 말

사다리를 타고 내려가 단위를 나타내는 말을 따라 쓰고, 무엇을 나타내는지 확인해 보세요.

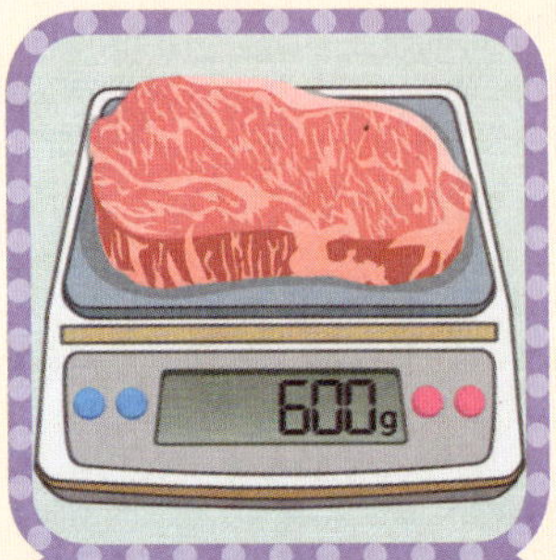

고기 한 (   )

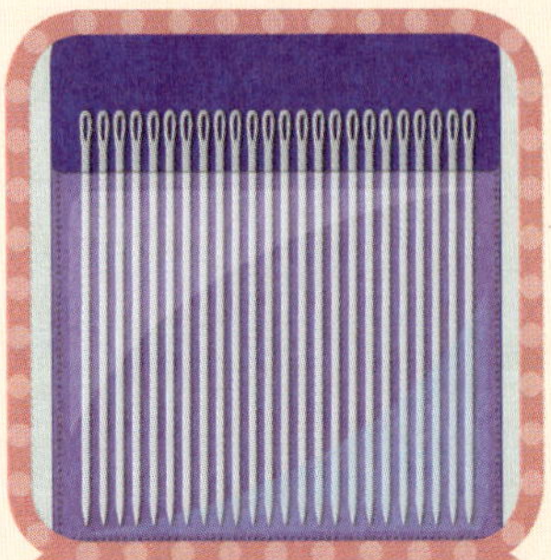

바늘 한 (   )

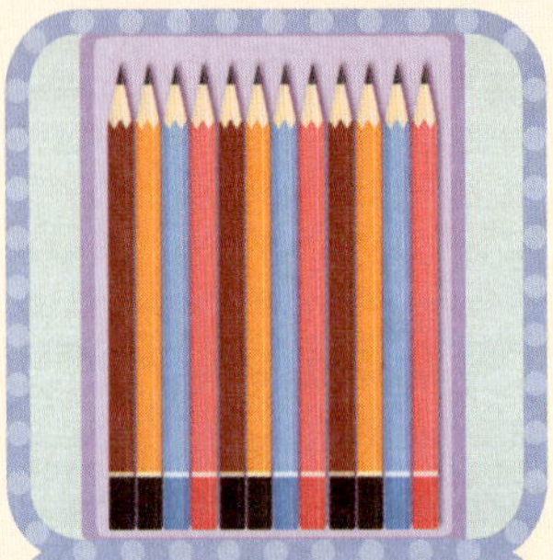

연필 한 (   )

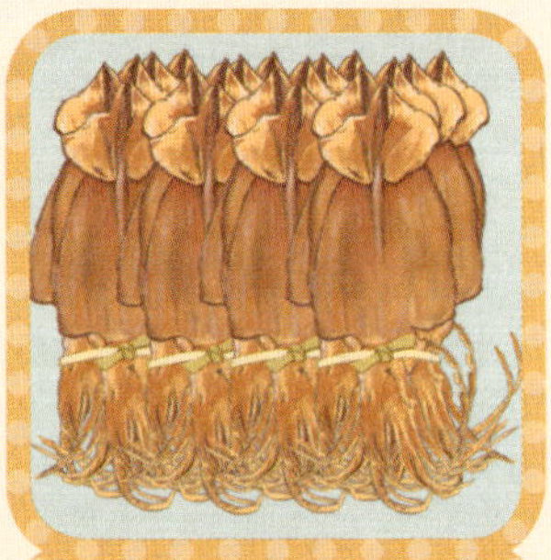

오징어 한 (   )

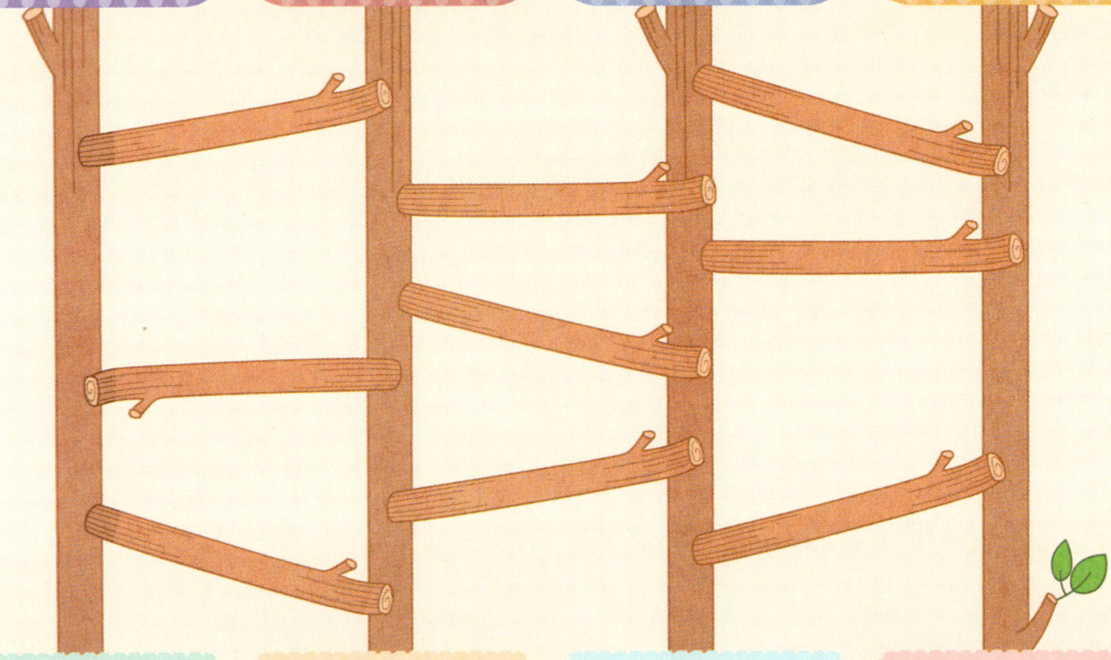

축

오징어를 묶어 세는 단위로, 한 축은 오징어 스무 마리를 이름.

타

물건 열두 개를 한 단위로 세는 말로, 주로 연필이나 양말 등의 수를 나타냄.

근

고기의 무게를 재는 단위로, 한 근은 600그램(g)임.

쌈

바늘을 묶어 세는 단위로, 한 쌈은 바늘 스물네 개를 이름.

8주 2일
정답 확인

오늘 나의 실력을 평가해 봐!

부모님 응원 한마디

이어질 내용 짐작하기 ❸

 **다음 이야기를 읽고 물음에 답해 봅시다.**

옛날 옛적에, 마음씨 착한 젊은이가 살았습니다. 그는 인정이 많았습니다. 그래서 먹을 것이 있으면 항상 이웃 사람들과 나누어 먹었습니다.

마음씨 착한 젊은이의 집 텃밭에는 참외가 자라고 있었습니다. 날씨가 따뜻해지자 참외가 먹음직스럽게 익었습니다. 젊은이는 참외를 마을 사람들에게 나누어 주고, 제일 큰 참외는 임금님께 바쳤습니다.

"이렇게 큰 참외는 처음 보는구나. 대신들은 ㉠이런 큰 참외를 본 적이 있는가? 이 젊은이에게 큰 상을 내려야겠다. ㉡   "

이리하여 마음씨 착한 젊은이는 큰 부자가 되었습니다.

1 임금님이 ㉠과 같이 말한 까닭은 무엇인가요? (   )

① 참외는 원래 크다는 것을 알려 주려고

② 대신들은 더 큰 참외를 본 것이 확실해서

③ 참외가 생각보다 작아서 비꼬아 말하려고

④ 참외는 작지만 젊은이의 마음이 크다고 말하려고

⑤ 이렇게 큰 참외는 본 적이 없다는 것을 강조하려고

2 ㉡에 이어질 내용을 알맞게 짐작한 것에 ○표 하세요.

저 젊은이에게 참외 재배법을 알려 주어라.	저 젊은이에게 참외만 한 금덩이를 주어라.
( )	( )

 **다음 이야기를 읽고 물음에 답해 봅시다.**

<앞부분 이야기의 줄거리> 로빈슨 크루소는 아프리카로 향하던 도중 폭풍우를 만나 배가 부서지게 되었고, 홀로 무인도에서 생활하게 된다. 그는 생존을 위해 배에 남아 있던 여러 물품을 활용한다.

"벌써 이 섬에 온 지 꽤 시간이 흘렀군……. 이렇게 있다간 굶어 죽고 말 거야. 혼자 살아남을 방법을 찾아야 해."

생각을 마친 로빈슨은 주변을 생활하기 좋게 정리하기 시작했다.

"자, 인제 방이 좀 정리되었군. 다음에는 무엇이 필요하지, 로빈슨?"

"글쎄, 의자와 탁자가 있으면 좋겠는걸."

로빈슨은 말 상대가 없어 혼자서 말을 주고받는 버릇이 생겼다.

"야단났군. 널빤지와 막대기는 벌써 다 써 버렸단 말이야."

"그럼 숲에서 베어 오면 되지 않아? 몸을 아낄 생각일랑 하지 말아야 해, 로빈슨."

"알았어, 알았어. 자, 그럼 갔다 올게."

로빈슨은 도끼를 들고 숲속으로 갔다. 큰 나무를 베어 깎아서 널빤지와 기둥을 만드는 데에만 한 달이 걸렸다. 그리고 이렇게 저렇게 연구해 가며 의자와 탁자를 만들어 보려고 하였으나, 좀처럼 되지 않았다.

애를 쓴 끝에 겨우 의자 비슷한 것과 탁자 비슷한 것을 만들었다. 그러나 막상 앉아 보니 삐걱거리고 불편하였다. 로빈슨은 몇 번이고 다시 손을 보았다. 겨우 쓸 만한 한 쌍을 만들었다.

로빈슨은 날마다 한 번씩 개를 데리고 사냥을 하였다. 새나 산토끼, 염소도 가끔 잡아 왔다. 고기는 먹고, 가죽은 벗겨서 말렸다가 옷감으로 썼다. 목수가 하는 일을 비롯해서 사냥이나 바느질까지 혼자 다 하자니 무척 힘이 들었다. 게다가 불이 없어서 날이 저물면 곧바로 잠자리에 들 수밖에 없었다.

"밤에도 좀 더 일을 할 수 있었으면……. 양초나 기름이 있으면 좋으련만……."

로빈슨은 여러 번 시도한 끝에 작은 등잔 하나를 완성하였다. 먼저, 진흙으로 작은 접시를 빚었다. 기름을 찾아보았지만 구할 수 없었다.

3 로빈슨이 혼자서 말을 주고받게 된 까닭으로 가장 알맞은 것에 ○표 하세요.

다른 사람은 로빈슨이 하는 말을 알아들을 수 없기 때문에	혼자서 말을 주고받으면 생각을 더 깊이 할 수 있기 때문에	사람이 살지 않는 외딴 곳에 있어 말을 주고받을 상대가 없기 때문에
(　　　)	(　　　)	(　　　)

4 로빈슨이 어두운 밤에 일을 하기 위해 만든 것은 무엇인가요? (　　　)

① 등잔　　　② 의자　　　③ 탁자　　　④ 널빤지　　　⑤ 막대기

5 로빈슨이 모든 일을 자기 손으로 직접 해야만 하는 까닭은 무엇인가요? (　　　)

① 로빈슨은 무슨 일이든 척척 잘하기 때문에
② 현재 로빈슨에게는 도와줄 사람이 없기 때문에
③ 로빈슨은 다른 사람이 하는 일을 믿지 못하기 때문에
④ 로빈슨은 전문가에게 일을 하나씩 배우고 있기 때문에
⑤ 다른 사람들이 로빈슨에게 도움을 주는 것을 싫어하기 때문에

6 로빈슨의 상황을 생각하며 이어질 내용을 짐작한 것입니다. 알맞은 것에 ○표 하세요.

생각 끝에 로빈슨은 염소에게서 기름을 얻었고, 식물의 껍질을 활용해서 심지를 만들어 불을 붙이니 어둠을 밝힐 수 있었다. ☐	개 외에 다른 동물은 구경도 할 수 없었던 로빈슨은 기름을 구하는 것을 포기하고 어둠 속에서 지루한 밤을 보낼 수밖에 없었다. ☐

7 알맞은 말에 ○표 하여, 이 글의 내용을 정리해 보세요.

로빈슨은 섬에서 (함께, 혼자) 살아남기 위해 모든 것을 스스로 만들고, 구하며 생활하고 있습니다.

잘못 쓰기 쉬운 말

○ 다음 그림을 보고, 빈칸에 들어갈 말을 맞춤법에 맞게 쓴 것을 골라 ○표 하세요.

(　　　　) 한 장을 격파하다.

널빤지　　　널판지

(　　　　)에 고구마를 심었다.

터밭　　　텃밭

(　　　　)을 하여 떨어진 단추를 달았다.

바느질　　　바늘질

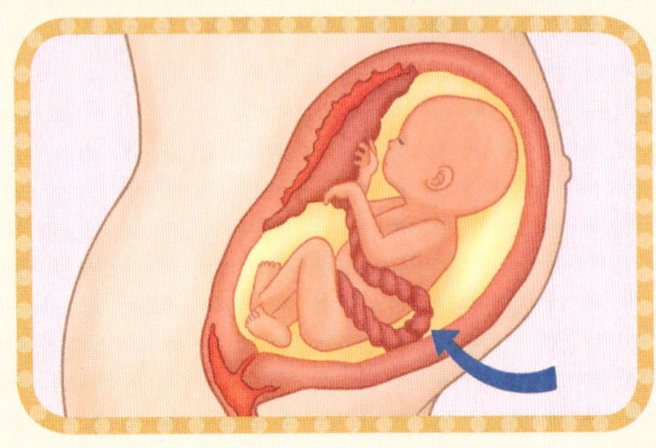

배 속의 아이는 (　　　　)로 영양분을 공급받는다.

태줄　　　탯줄

8주 3일 정답 확인

오늘 나의 실력을 평가해 봐!

🔸 부모님 응원 한마디

공부한 날
___월 ___일

8주 4일

이어질 내용 짐작하기 ④

다음 이야기를 읽고 물음에 답해 봅시다.

황희 정승이 길을 가다가 농부가 밭을 가는 것을 보았습니다. 그 농부는 누렁소와 검정소 두 마리로 밭을 갈고 있었습니다.

황희 정승은 나무 그늘 아래에 앉아 쉬면서 농부에게 물었습니다.

"여보시오. 소 두 마리 모두 튼튼해 보이는데, 둘 중 어느 소가 일을 더 잘하오?"

이 말을 듣자 농부는 밭을 갈다 말고 황희 정승이 앉아 있는 곳으로 왔습니다. 그리고 황희 정승의 귀에 대고 목소리를 낮추어 말하였습니다.

"검정소가 누렁소보다 낫습니다."

"아니 그냥 말해도 될 것을 귓속말로 하는 까닭은 무엇이오?"

그러자 농부가 대답하였습니다.

㉠

황희 정승은 이 말을 듣고 깊이 깨달았습니다.

1 ㉠에 들어갈 농부의 대답을 알맞게 짐작한 것에 ○표 하세요.

"험담은 몰래 하는 것이 원칙이므로 귓속말로 하였지요." ☐

"비록 짐승이지만 자기가 남보다 못하다는 말을 들으면 어찌 기분이 좋겠습니까?" ☐

2 1의 답을 바탕으로, 황희 정승이 깨달은 내용을 알맞게 짐작한 것에 ○표 하세요.

(1) 거짓말을 하지 않고 진실만 말해야 한다. ······························· (　　　)

(2) 아무리 하찮은 존재라도 무시해서는 안 된다. ························· (　　　)

　　아버지께서 시골 중학교에서 아이들을 가르치고 계실 때의 일입니다. 어머니께서는 소일거리로 닭을 기르셨고, 계란을 모으는 데 재미를 붙이셨습니다. 덕분에 우리 삼 형제는 언제나 계란 반찬을 먹을 수 있어서 더할 나위 없이 좋았습니다.

　　계란은 하나둘 모여서 우리 삼 형제의 학용품이 되기도 하고, 새 신발이 되기도 했습니다. 그런데 어느 날 저녁, 아버지께서는 온 가족이 모인 자리에서 중대 발표를 하셨습니다.

　　"알았지? 큰형 졸업식 때까지 계란 반찬은 없는 거다."

　　대표로 우등상을 받게 된 내게 좋은 옷을 사 주기 위해서라는 게 이유였습니다.

　　"치, 너무해." / "맞아, 너무해."

　　동생들은 뽀로통하여 투덜거렸습니다. 동생들한테 미안한 일이었지만, 부모님이 결정한 일이라 어쩔 수 없었습니다.

　　작은 소동이 생긴 것은 일주일 뒤부터였습니다. 이상하게도 계란이 날마다 두 개씩 감쪽같이 사라지는 것이었습니다.

　　"난 아냐! 안 먹었단 말예요."

　　"저, 저도요." / "나도 아닌데……."

　　의아해하시는 어머니 앞에서 우리는 서로를 쳐다보며 영문을 몰라 했습니다. 알을 낳는 닭은 열다섯 마리인데 계란은 열세 개밖에 없었습니다. 도대체 어떻게 된 일일까? 어머니께서 닭장에 자물쇠를 잠그고 닭장 앞에서 보초를 서 보기도 하셨지만, 도둑은 잡히지 않았습니다.

　　졸업식 날이 다가오자, 어머니께서는 그동안 모은 계란을 이고 장에 가서 청색 웃옷과 체크무늬 셔츠를 사 오셨습니다.

　　"바지는 입던 것을 그냥 입어야겠구나."

　　어머니께서는 아쉬워하셨지만, 난 그것만으로도 충분하였습니다.

– 이미애, 「계란 도둑」 중에서

3 '나'는 삼 형제 중 누구인지 ○표 하세요.

(첫째, 둘째, 셋째)

4 우리가 살고 있는 시대와 비교해 보았을 때, 이 글의 배경이 갖는 특징은 무엇인가요?

( )

① 지금과 달리 계란으로 만든 반찬을 먹을 수 있었다.
② 지금과 달리 학교 공부를 다 마치면 졸업식을 하였다.
③ 지금과 달리 시장에서 옷이나 물건 등을 살 수 있었다.
④ 지금과 달리 학교에서 아이들을 가르치는 직업이 있었다.
⑤ 지금과 달리 집에서 키운 닭이 낳은 계란을 모아 시장에서 파는 일이 흔하였다.

5 아버지께서 중대 발표를 하신 까닭을 다음과 같이 정리할 때, 빈칸에 알맞은 말을 쓰세요.

( )에서 대표로 ( )을 받게 된 '나'에게
좋은 ( )을 사 주기 위해서

6 다음은 '나'의 졸업식 날 아침에 일어난 일입니다. 이를 바탕으로 이어질 내용을 알맞게 짐작한 것은 무엇인가요? ( )

막내는 평소와 달리 괜히 쭈뼛거리고 능청을 부리다가 "이거 엄마 고무신……. 계란 두 개."라며 하얀 고무신 한 켤레를 어머니 앞에 내밀었습니다. 내 눈에는 그제야 어머니의 낡고 빛바랜 고무신 코가 들어왔습니다.

① 계란 도둑을 잡지 못했고, 막내 때문에 졸업식에 지각했다.
② 계란 도둑이 막내임이 밝혀지고, 어머니의 눈시울이 붉어졌다.
③ 계란 도둑이 막내임이 밝혀지고, 욕심을 부린 막내는 혼이 났다.
④ 계란 도둑이 밝혀지고, 어머니는 도둑을 신고하러 경찰서에 갔다.
⑤ 계란 도둑을 잡지 못했고, 어머니는 낡은 고무신을 신고 졸업식에 가셨다.

7 알맞은 말에 ○표 하여, 이 글의 내용을 정리해 보세요.

부모님께서는 졸업식 날 대표로 우등상을 받게 된 '나'를 위해 계란을 모으셨는데, 날마다 계란이 두 개씩 감쪽같이 (사라져, 생겨나) 의아해하셨습니다.

한자어와 고유어

● 밑줄 친 한자어를 가리키는 고유어를 보기 에서 골라 빈칸에 쓰세요.

보기　　　　　　　　고뿔　　　달걀　　　마루　　　벗

계란을 삶았다.

→ ☐☐

산 정상에 올랐다.

→ ☐☐

감기에 걸려서 콧물이 난다.

→ ☐☐

친구와 간식을 나누어 먹었다.

→ ☐

오늘 나의 실력을 평가해 봐!　　　🐱 부모님 응원 한마디

이어질 내용 짐작하기 ⑤

🌳 **다음 이야기를 읽고 물음에 답해 봅시다.**

어느 날, 당나귀가 무거운 소금을 지고 개울을 건너다가 발을 헛디뎌 그만 물에 빠지고 말았습니다. 허우적거리다 간신히 개울을 빠져나왔지만, 그 사이 소금이 모두 물에 녹아 흘러가 버렸고 그 때문에 남은 짐의 무게가 가벼워지게 되었습니다. 주인은 물에 녹아 버린 소금이 아까워 혀를 끌끌 찼지만, 짐이 가벼워진 당나귀는 코까지 벌름거리며 좋아했습니다. 다음 날, 당나귀는 솜을 가득 지고 바닷가를 지나게 되었습니다. 등의 짐이 무겁지는 않았지만, 전날의 경험을 떠올린 당나귀는 짐의 무게가 가벼워질 것을 기대하며 일부러 물에 빠져 버렸습니다.

1 이 글에서 일어난 일로 알맞은 것에 ○표 하세요.

(1) 당나귀는 두 번 모두 일부러 물에 빠졌다. ······························· (   )

(2) 주인은 녹아 버린 소금이 아까워 혀를 끌끌 찼다. ····················· (   )

2 당나귀의 성격으로 알맞은 것은 무엇인가요? (   )

① 성실하다.　　　② 진중하다.　　　③ 침착하다.

④ 겁이 많다.　　　⑤ 꾀를 부린다.

3 이다음에 이어질 내용을 짐작한 것입니다. 알맞은 말에 ○표 하세요.

그런데 전날과 달리 물에 빠지자 등에 실린 짐은 더 (가벼워, 무거워)졌습니다. 이상하게 생각한 당나귀가 다시 물에 빠졌지만 소용이 없었습니다. 알고 보니 솜이 물을 (뱉어 낸 , 빨아들인) 것이었답니다. 당나귀는 후회하며 힘들게 짐을 옮겼습니다.

 **다음 이야기를 읽고 물음에 답해 봅시다.**

옛날, 전라남도 영암 땅에서 있었던 일이에요. 영암 원님은 저승사자들에게 이끌려 염라대왕 앞에 갔어요. 저승에 온 젊은 영암 원님을 보고 염라대왕은 수명을 적어 놓은 책을 다시 살펴보았어요. 염라대왕은 엄한 목소리로 말하였지요.

"저승사자들이 잘못 데려왔구나. 너는 어서 이승으로 돌아가거라."

원님은 억울하였지만 빨리 이승으로 가고 싶어서 어떻게 되돌아가는지 그 방법을 물었어요. 그러자 저승사자는 수고비를 내놓으라고 하였지요.

"지금은 아무것도 가진 것이 없습니다."

원님이 이렇게 이야기하자 저승사자가 성큼성큼 걷기 시작하였어요. 사람은 누구나 저승에 곳간이 하나씩 있거든요. 이승에서 부자라고 해서 저승 곳간에 재물이 많은 것도 아니고, 이승에서 가난하다고 해서 저승 곳간에 재물이 없는 것도 아니에요. 왜냐하면, 그 곳간은 이 세상에서 좋은 일을 한 만큼 재물이 쌓이도록 되어 있기 때문이에요. 그런데 원님이 자기 곳간으로 갔을 때 거기에는 볏짚 한 단밖에 없는 거예요. 저승사자가 허허 웃으며 말하였어요.

"이 사람, 남에게 베푼 일이라곤 볏짚 한 단밖에 없는 모양이네."

원님은 순간, 쥐구멍을 찾을 만큼 부끄러웠어요. 생각하여 보니, 남에게 좋은 일 한번 변변히 한 적이 없었거든요. 단 한 번, 몹시 가난한 아낙이 아기를 낳을 때 쩔쩔매는 것을 우연히 보고 짚 한 단을 구하여 준 것이 전부였지요. 원님은 자신의 곳간이 비어 이승으로 갈 수 없다고 생각하니 눈앞이 캄캄했어요.

그러자 저승사자가 꾸짖듯 말하였어요.

"네 고을에 사는 주막집 딸인 덕진이라는 아가씨의 곳간에 곡식이 가득하니 일단 거기에서 꾸어 쓰고, 나중에는 갚도록 하여라."

결국, 원님은 덕진의 곳간에서 쌀 삼백 석을 꾸어 셈을 치를 수밖에 없었지요. 원님이 저승사자를 따라 얼마쯤 가니 이승의 문 앞에 이르게 되었어요. 저승사자가 그 문 앞에서 원님의 등을 밀었어요. 원님이 깨어 보니 자기 방으로 돌아와 있었어요.

4 염라대왕이 영암 원님을 보고 수명이 적힌 책을 다시 살핀 까닭으로 알맞은 것에 ○표 하세요.

> 영암 원님이 (늙어서, 젊어서) 저승사자들이 제대로 데려온 것인지 확인하기 위해

5 '저승에 있는 곳간'은 어떤 곳인지 알맞게 설명한 것에 ○표 하세요.

이승에 남아 있는 수명만큼 재물이 쌓이는 곳 ☐	이승에서 좋은 일을 한 만큼 재물이 쌓이는 곳 ☐

6 원님의 곳간에 볏짚이 한 단밖에 없었던 까닭은 무엇인가요? (   )

① 원님이 덕진의 곳간에서 빌린 쌀 삼백 석을 모두 갚았기 때문에

② 원님이 가진 곳간의 재물을 모두 덕진의 곳간으로 옮겼기 때문에

③ 너무 일찍 저승으로 가서 곳간에 재물을 쌓을 시간이 없었기 때문에

④ 이승으로 돌아가기 위해 저승사자가 달라고 한 수고비가 너무 많았기 때문에

⑤ 아기를 낳는 아낙에게 짚 한 단을 구해 준 것이 좋은 일을 한 것의 전부였기 때문에

7 저승에 있던 원님이 이승으로 돌아올 수 있었던 까닭으로 알맞은 것을 골라 ○표 하세요.

> (덕진, 저승사자)의 곳간에서 쌀 삼백 석을 꾸어 셈을 치렀기 때문에

8 이승으로 돌아온 원님이 어떻게 행동할지 알맞게 짐작한 것에 ○표 하세요.

(1) 자신을 잘못 데려간 저승사자를 만나 따질 것이다. ····················· (   )

(2) 덕진에게 보답하고 자신도 다른 사람에게 베풀며 살 것이다. ············· (   )

(3) 자신이 착한 원님이라는 소문을 내어 덕진이 찾아오게 만들 것이다. ······ (   )

9 알맞은 말에 ○표 하여, 이 글의 내용을 정리해 보세요.

> 저승에 간 영암 원님은 남에게 베푼 일이 (많아, 없어) 곳간에 재물이 없었고, 결국 같은 고을에 사는 덕진이라는 아가씨의 곳간에서 쌀 삼백 석을 (꾸어, 팔아) 이승으로 돌아왔습니다.

관용 표현

● 다음 그림을 보고, 밑줄 친 관용 표현의 알맞은 뜻을 찾아 선으로 이으세요.

앞일을 생각하니
눈앞이 캄캄하다.

어찌할 바를 몰라
아득하다.

이서는 귀가 얇다.

남의 말을 쉽게
받아들인다.

부끄러워서 쥐구멍을 찾다.

부끄럽거나
난처하여
어디에라도
숨고 싶어
하다.

오늘 나의 실력을 평가해 봐!

 부모님 응원 한마디

하루 한장 독해

바른답과 학부모 가이드

4단계 (3~4학년)

1

"바른답과 학부모 가이드"의 앞표지를 넘기면 '학습 계획표'가 있어요. 아이와 함께 학습 계획을 세워 보세요.

2

"바른답과 학부모 가이드"의 뒤표지를 앞으로 넘기면 '붙임 학습판'이 있어요. 붙임딱지를 붙여 붙임 학습판의 그림을 완성해 보세요.

3

그날의 학습이 끝나면 '정답 확인' QR 코드를 찍어 학습 인증을 하고 하루템을 모아 보세요.

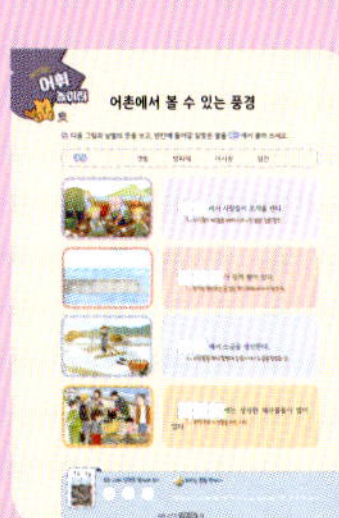

하루 한장 독해 4단계 학습 계획표

주차	일	읽기 목표	학습 내용	학습 계획일	부모님 확인
1주	1일	사실과 의견 구별하기	① 갯벌에 다녀와서 / ② 경찰청장님께	월 일	
	2일		① 심장병 친구 돕기 모금 운동 / ② 강원도 최북단 지역 사과 생산	월 일	
	3일		① 일회용품 사용을 줄이자 / ② 손을 깨끗이 씻자	월 일	
	4일		① 올바른 운동장 사용을 알리는 안내판을 만들자 / ② 동물 마을의 물 이야기	월 일	
	5일		① 태권도로 몸과 정신을 튼튼하게 / ② 혼자 사는 노인들을 돕기 위한 방법	월 일	
2주	1일	의견의 적절성 판단하기	① 숲을 보호하는 방법 / ② 초등학생의 스마트폰 이용 시간을 제한해야 한다	월 일	
	2일		① 사전 안전 교육을 실시하자 / ② 상수리에서 온 편지	월 일	
	3일		① 음악과 관련된 동아리를 만들자 / ② 과자 회사 게시판에 올라온 글	월 일	
	4일		① 문화재를 개방해야 한다 / ② ○○ 농구 팀 감독의 고민	월 일	
	5일		① 자리를 어떻게 정할 것인가? / ② 운동장을 어떻게 사용하면 좋을까?	월 일	
3주	1일	일의 순서 파악하며 읽기	① 화분에 씨앗을 심는 방법 / ② 종이비행기 접는 방법	월 일	
	2일		① 마음 전달식을 하는 방법 / ② 무궁화꽃이 피었습니다 놀이 방법	월 일	
	3일		① 우편물이 전달되는 과정 / ② 청소를 잘하는 방법	월 일	
	4일		① 도서 대출 방법 / ② 잡채 만드는 방법	월 일	
	5일		① 시력 검사 결과 안내장 / ② 소화전과 소화기 사용 방법	월 일	
4주	1일	이야기의 흐름 파악하기	① 사슴의 뿔 / ② 공주를 사랑한 화가	월 일	
	2일		① 짝 바꾸는 날 / ② 할아버지와 할머니의 내기	월 일	
	3일		① 제자를 도와 준 이황 / ② 장님의 꾀	월 일	
	4일		① 사랑을 주는 기쁨 / ② 편지에 담긴 마음	월 일	
	5일		① 꽃이 된 처녀 / ② 소를 탄 노인	월 일	
5주	1일	매체 자료의 신뢰성 파악하기	① 전기 절약 / ② 녹둔도	월 일	
	2일		① '공원 편의 시설 새 단장' 기사와 관련 대화 / ② 각 나라의 식사 예절	월 일	
	3일		① 목 디스크 예방법 / ② 잘못된 높임 표현 바로 알기	월 일	
	4일		① 하루 장난감 가게 광고 / ② 제주도 지역의 특징	월 일	
	5일		① 등하교 시간 초등학생 스마트폰 사용 문제 / ② 어린이 교통사고 관련 그래프	월 일	
6주	1일	글을 쓴 목적 파악하기	① 놀이동산 이용 주의 사항 / ② 말벌 퇴치 대책	월 일	
	2일		① 음식물 쓰레기를 줄이자 / ② 사랑하는 시현이와 우현이에게	월 일	
	3일		① 링컨 / ② 걱정 마_정진숙	월 일	
	4일		① 마스크로 안 아픈 예방 접종하세요 / ② 뽑는 데 1초 자라는 데 20년	월 일	
	5일		① 주어라, 또 주어라 / ② 『신기한 과학 이야기』라는 책을 읽어 보셨나요?	월 일	
7주	1일	예측하며 읽기	① 종달새 / ② 집 안 청소	월 일	
	2일		① 새들의 집짓기 / ② 이로운 곤충과 해로운 곤충	월 일	
	3일		① 점박이: 한반도의 공룡 / ② 우주대여행	월 일	
	4일		① 전학_최예나 / ② 삼계탕에 담긴 행복	월 일	
	5일		① 안전 교육이 비상구입니다! / ② 풍년이 들어도 걱정	월 일	
8주	1일	이어질 내용 짐작하기	① 수아의 봉사 활동 / ② 자린고비 영감	월 일	
	2일		① 박바우와 박 서방 / ② 줄넘기 대회	월 일	
	3일		① 큰 부자가 된 마음씨 착한 젊은이 / ② 로빈슨 크루소	월 일	
	4일		① 누렁소와 검정소 / ② 계란 도둑	월 일	
	5일		① 당나귀와 소금 장수 / ② 덕진 다리	월 일	

●: 이야기 글 ●: 시, 노랫말 ●: 설명하는 글 ●: 주장하는 글 ●: 생활 글 ●: 그림, 만화

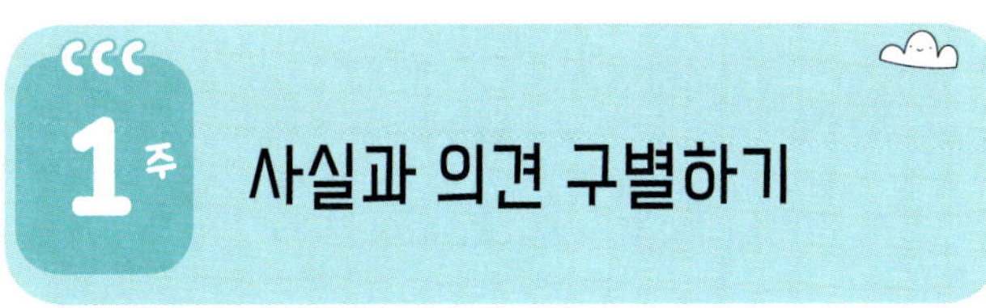

①

글쓴이는 우리에게 많은 도움을 주는 갯벌을 아끼고 꾸준히 관심을 가져야겠다고 생각하였습니다.

사실은 실제로 있었던 일이고, 의견은 대상이나 일에 대한 생각이라고 하였습니다. 따라서 실제로 본 일이나 들은 일 등을 나타낸 (1), (2), (4)는 사실이고, 대상에 대한 느낌을 나타낸 (3)은 의견입니다.

②

사실은 ㉠, ㉡이고 의견은 ㉢, ㉣, ㉤입니다.

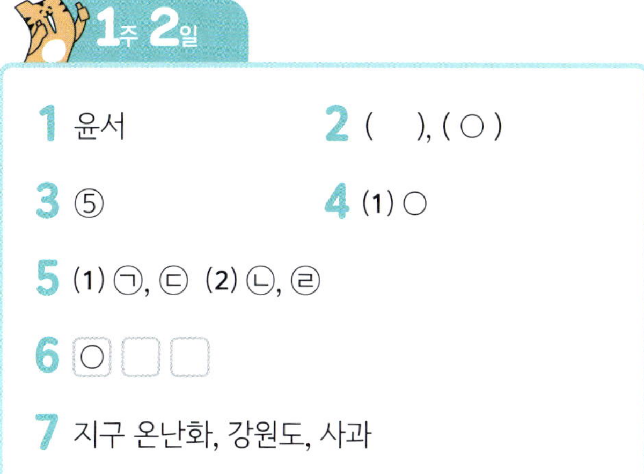

3 이 뉴스는 지구 온난화로 해마다 평균 기온이 올라가면서 강원도에서도 사과 재배가 가능해졌다는 사실을 전달하고 있습니다. ①, ③, ④는 뉴스에서 언급되었으나 가장 중요한 내용은 아니며, ②는 이 글의 내용이 아닙니다.

5 뉴스에는 사실과 의견이 모두 있습니다. 기자는 강원도에서 사과 재배가 가능하게 된 원인을 설명하고 있으며, 앞으로 사과가 많이 재배될 것임을 전망하였습니다. 또한 손님과의 인터뷰를 통해 실제 강원도 사과를 구매하고 먹어 본 사람의 이야기를 함께 전하여, 뉴스를 보는 사람들이 내용을 더 쉽게 이해할 수 있도록 하였습니다.

6 아나운서의 말 중 '강원도 최북단 지역에서도 사과가 생산되고 있습니다.'는 일어난 일을 말하고 있으므로 사실에 해당합니다. 손님의 말 중 '전국 최고의 사과인 것 같아요.'는 손님의 생각을 말한 것이므로 의견에 해당하며, '이번 추석 선물로 강원도 사과를 샀습니다.'는 일어난 일이므로 사실에 해당합니다.

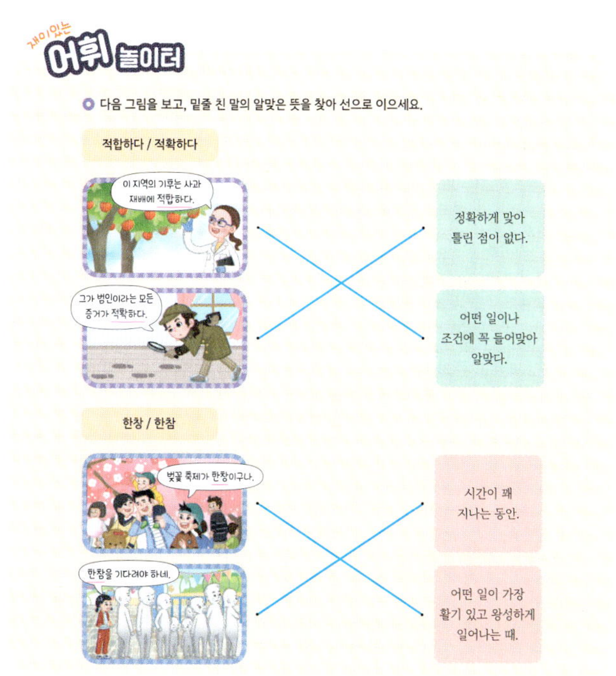

1 (선 연결)

2 의견, 의견

3 ④

4 ㉠: △, ㉡: ○

5 ③

6 라영

7 손, 질병, 예방

3 이 광고에서 손을 안 씻으면 배가 아프고 설사를 하거나(⑤), 열이 나고 토할 수 있다(②)고 하였습니다. 또한 감기에 쉽게 걸리거나(③) 눈병에 걸릴 수 있다(①)고 하였습니다. 그러나 피부에 멍이 들고 몸이 가렵다는 내용은 제시되어 있지 않으므로, ④는 알맞지 않은 내용입니다.

4 ㉠은 이 광고에서 제시하는 의견입니다. ㉡은 우리 손에 있는 균들에 대해 설명하고 있으므로 사실입니다.

5 이 광고는 손을 잘 씻어 질병을 예방하자는 의도로 만들어졌습니다. 따라서 ㉮의 뜻으로 가장 알맞은 것은 ③입니다. 손을 잘 씻으면 질병의 70%를 예방할 수 있다고 하였으므로 모든 질병을 예방할 수 있다는 내용이나, 병에 걸리지 않고 오래 살 수 있다는 내용은 알맞지 않습니다.

6 이 광고는 손을 씻어야 하는 까닭, 우리 손에 있는 균들, 손을 반드시 씻어야 하는 상황, 손을 바르게 씻는 방법을 소개하고 있습니다. 따라서 광고를 가장 잘 이해한 친구는 라영입니다.

---

1 ( ), (○), ( )

2 안내판

3 물

4 ⑤

5 ④

6 물, 의견

1 글쓴이는 학교 운동장을 사용한 주민들이 쓰레기를 함부로 버려서 학교 운동장 곳곳에 버려진 쓰레기들이 많다는 문제 상황을 제시하였습니다.

2 글쓴이는 학교 운동장을 올바르게 사용하는 방법을 알려 주는 안내판을 만들자고 제안하였습니다.

4 염소 할아버지는 몇 해 전에 연못을 만들어 빗물을 잘 보관하였다면 지금처럼 큰 걱정은 하지 않았을 것이라고 하며 후회하고 있습니다. 마을에서 가장 나이가 많은 동물은 거북 할머니입니다(①). 동물 마을에 사는 동물들은 아직 이사를 가기로 결정하지 않았습니다(②). 마을이 위기에 빠진 것을 알린 것은 거북 할머니입니다(③). 사슴은 차분한 목소리로 다른 동물들을 향하여 말하였습니다(④).

5 토끼와 들쥐는 지금이라도 당장 연못을 만들어 물이 말라 가는 문제를 해결하자는 의견을 제시하였습니다. 그러나 연못을 만드는 데에는 많은 시간과 노력이 필요하다고 하였으므로, 이는 지금 당장 물이 부족한 문제를 해결할 수 없습니다.

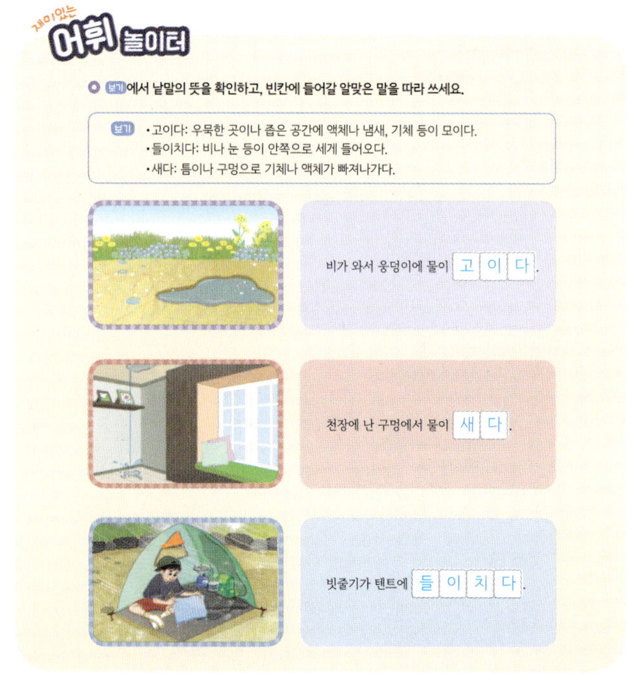

1 (2) ○　　**2** 태권도

3 ③　　**4** ③

5 (1) 사 (2) 의 (3) 의　　**6** (1) ㉰ (2) ㉮ (3) ㉯

7 ④　　**8** 현지

9 혼자 사는

5 (1)은 문제 상황, 즉 일어난 일이므로 '사실'이고, (2)와 (3)은 문제 상황을 해결하기 위해 제시한 '의견'입니다.

6 보라는 봉사 동아리를 만들어서 말동무를 해 드리자는 의견(㉰)을 제시하였고, 영호는 장기 자랑을 하자는 의견(㉮)을 제시하였습니다. 소미는 할머니, 할아버지들께 편지를 쓰자는 의견(㉯)을 제시하였습니다.

7 보라는 할머니, 할아버지를 찾아가 이야기를 나누고 정다운 시간을 보내면 외로움을 느끼시지 않을 것이라는 까닭을 제시하며 의견을 뒷받침하고 있습니다.

8 소미는 혼자 사시는 할머니, 할아버지를 도울 수 있는 방법으로 할머니, 할아버지들께 편지를 쓰자는 의견을 제시하였습니다. 따라서 편지를 쓰면 좋은 점에 해당하는 '현지'의 말이 ㉠에 들어갈 내용으로 가장 알맞습니다. 유진이와 동우의 말은 소미의 의견과 관계없는 내용이므로 알맞지 않습니다.

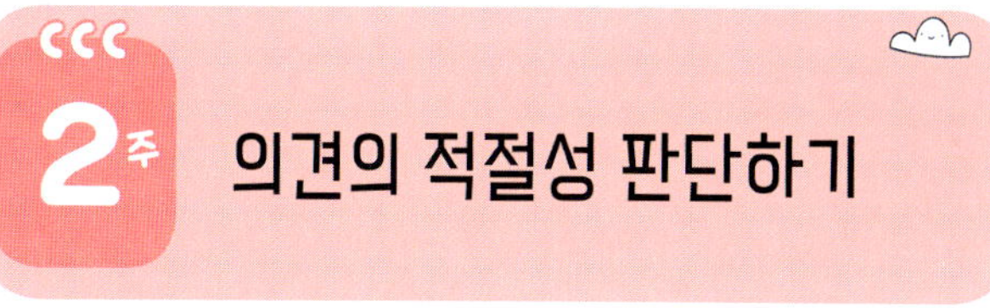

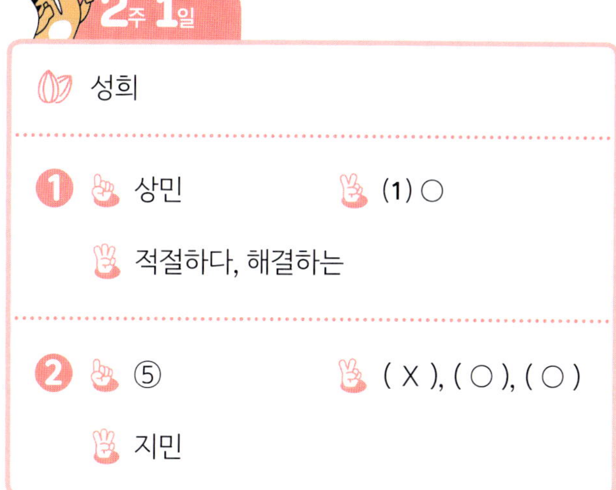

❶ 글쓴이는 숲을 보호하고 생물들의 보금자리를 지켜 주어야 한다는 의견을 제시하였으므로, 상민이의 말이 글쓴이의 의견으로 알맞습니다. 예진이의 말은 글쓴이가 의견을 제안하게 된 문제 상황으로, 사실입니다.

❷ 초등학생의 스마트폰 이용 시간을 제한해야 한다는 것이 글쓴이의 의견입니다.

1 (1) ○ **2** ③

3 ◉ ☐ **4** (1) ○

5 ② **6** 취소해

7 ②, ④, ⑤ **8** ③

9 댐, 반대

4 이 글은 댐 건설 기관 담당자님께 댐 건설에 관한 의견을 전달하기 위해 쓴 편지입니다.

5 글쓴이는 편지의 앞부분에서 자신이 살고 있는 상수리 산이 깊고 물이 맑으며, 천연기념물과 우리나라의 토종 물고기가 많이 살고 있다고 하였습니다.

7 글쓴이는 만강에 댐을 건설하면 숲에 사는 동물들이 살 곳을 잃으며, 만강에 살고 있는 물고기들을 다시 볼 수 없고, 마을 어른들께서 평생 살아온 고향을 떠나야 하기 때문에 댐 건설을 반대하고 있습니다.

8 자신의 의견을 뒷받침하는 까닭을 잘 들어 설명하고 있기 때문에 글쓴이의 의견은 적절합니다. 마을에 사는 여러 동물의 이름을 정확하게 제시한 것과 댐 건설에 반대한다는 의견은 관계가 없습니다(②). 또한 글쓴이는 자신의 의견을 뒷받침하는 까닭으로 마을 어른들께서 마을을 떠나야 한다는 점을 들고 있습니다(⑤).

재미있는 어휘 놀이터

○ '토종'이란 원래부터 그 지역에서 나는 품종을 말합니다. 사다리를 타고 내려가 우리나라 토종 생물의 이름을 확인해 보세요.

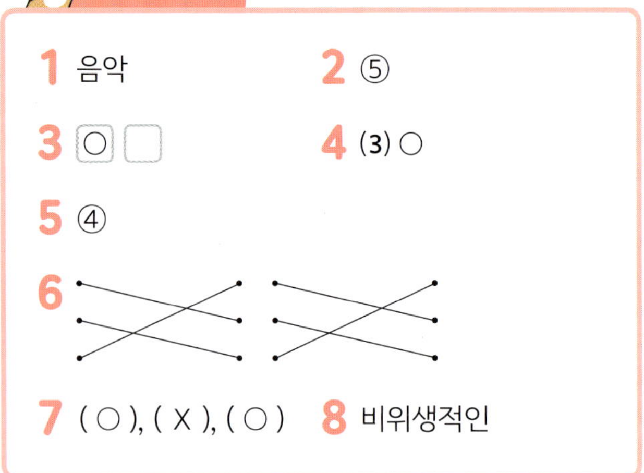

1 음악 **2** ⑤

3 ◉ ☐ **4** (3) ○

5 ④

6

7 (○), (X), (○) **8** 비위생적인

3 우리 반에 오카리나 동아리를 만들자는 글쓴이의 의견은 우리 반에 음악 관련 동아리가 없다는 문제 상황을 해결할 수 있는 의견이므로 성재의 판단이 적절합니다. 음악 동아리 활동을 하고 싶지 않다는 것은 은아의 개인적인 사유로, 글쓴이의 의견을 판단하는 기준으로 볼 수 없습니다.

7 과자를 위생적으로 만들어 달라는 김수진 어린이의 의견은 문제 상황에 알맞고, 과자 회사가 실제로 실천할 수 있는 내용이므로 적절합니다. 다양한 종류의 과자를 만들어 달라는 이예린 어린이의 의견은 문제 상황에 알맞지 않고, 뉴스 내용을 반영하지도 않았으므로 적절하지 않습니다. 과자를 손으로 만들어 달라는 한수민 어린이의 의견은 문제 상황에는 알맞지만, 과자 회사가 실제로 실천할 수 없는 내용이므로 적절하지 않습니다.

재미있는 어휘 놀이터

○ 다음 그림을 보고, 문장에 들어갈 말을 맞춤법에 맞게 쓴 것을 골라 ○표 하세요.

1 개방 **2** (2) ○

3 (2) ○ **4** (○), (   ), (   )

5 ③ **6** ③

7 이길 수 있는

4 ○○ 농구 팀 감독은 감독이 된 후 10전 10패를 하였다고 했으므로, 경기를 할 때마다 지는 것이 부끄러워서 ㉠과 같이 말했을 것입니다.

5 신나라는 팬들이 경기장에 많이 와야 농구 경기도 잘할 수 있다고 하였습니다. 따라서 팬들이 경기장에 없어야 농구 시합에서 이길 수 있다고 했다는 내용은 알맞지 않습니다.

6 구원해, 하성만, 고민중, 신나라의 의견 중 적절한 의견을 제시한 사람은 구원해와 하성만입니다. 두 사람의 의견은 농구 경기에 계속 지고 있는 문제를 해결할 수 있는 방법일 뿐만 아니라, 실천도 가능합니다. 신나라의 의견은 농구 경기에서 이기는 방법과는 거리가 멀고, 그 까닭 또한 적절하지 않습니다. 고민중은 일 년 내내 선수들끼리 함께 생활하자는 의견을 제시하였으나, 이는 실천하기 어려우며 함께 생활한다고 해서 꼭 합심할 수 있는 것은 아니므로 적절하지 않습니다.

1 (그림) **2** 수영

3 운동장

4 (그림)

5 재우 **6** 운동장

3 준서는 운동장을 어떻게 사용하면 좋을지에 대하여 함께 의논하고 싶다고 안건을 제안했고, 다른 학생들이 재청하여 이를 토의 사항 의제로 결정하였습니다.

4 준서는 운동장을 사용하는 순서가 공평하게 돌아가기 때문에 요일별로 한 학년씩 정하여 운동장을 사용하자고 하였습니다. 민재는 운동장을 사용하는 기회가 늘어나기 때문에 구역을 나누어 운동장을 사용하자고 하였습니다. 연희는 저학년과 고학년의 차이를 고려할 수 있기 때문에 하루 중 시간을 나누어 운동장을 사용하자고 하였습니다.

5 재우의 말이 가장 적절합니다. 연희의 의견을 따르면, 하루 중에 운동장을 사용하는 시간을 다르게 하기 때문에 각 학년에게 운동장을 사용하는 순서가 공평하게 돌아가고, 사용 기회도 많이 돌아갈 것입니다. 또한 수업이 빨리 끝나는 저학년 학생들이 먼저 운동장을 사용하고, 수업이 늦게 끝나는 고학년 학생들은 나중에 사용하도록 하면 학년의 차이도 고려할 수 있습니다.

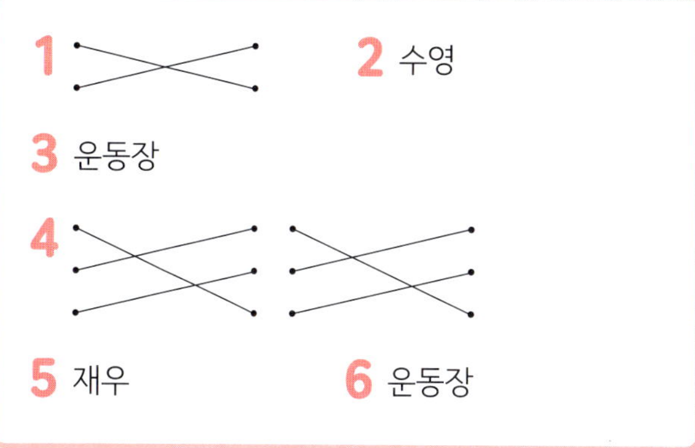

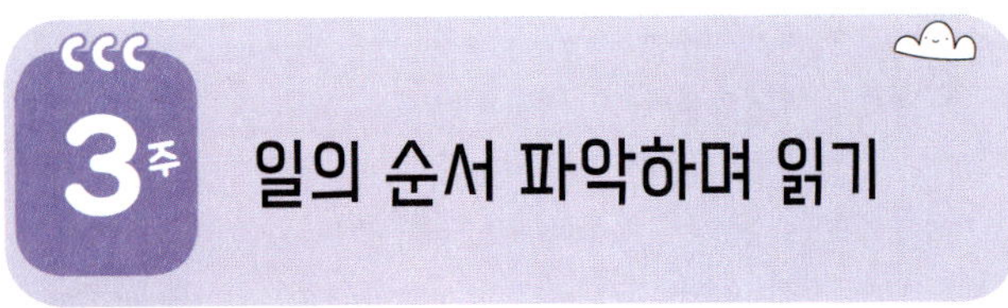

첫 번째

1 ①, ⑤　　　(○), ( )
4 - 2 - 1 - 5 - 3 - 6

2 ③　　　②
3 - 2 - 7 - 4 - 6 - 5

1

$\frac{3}{4}$(②)은 거름흙을 담을 양을 의미하며 일의 순서와는 무관합니다. 2배(③), 3배(④)는 씨앗을 심을 깊이를 나타냅니다.

2

㉠은 종이비행기 접는 방법 중 세 번째 순서로, 삼각형 모양으로 양 모서리를 접은 부분을 아래로 다시 내려 접어야 한다는 것을 설명하고 있습니다. ②에 제시된 그림이 ㉠의 설명과 일치합니다.

---

1 ②, ⑤　　　**2** ④

3 ⑤　　　**4** 태이

5 ③　　　**6** □ □ ○

7 (1) 둘째　(2) 넷째　**8** 가위바위보

9 무궁화꽃이 피었습니다

1 '우선'과 '마지막으로'도 일의 순서를 드러내는 말이지만 이 글에는 나타나 있지 않습니다.

2 마음 전달식은 '종이 준비하기 → 자신의 이름 쓰기 → 돌아가며 하고 싶은 말 쓰기 → 종이 가운데에 이름이 적힌 친구에게 종이 돌려주기'의 순서로 진행됩니다.

6 출발선에 도착하기 전에 술래에게 잡힌 사람은 다음번 놀이의 술래가 되고, 만약 아무도 잡히지 않으면 술래가 다시 술래가 된다고 하였습니다. 술래가 뒤돌아보았을 때 움직인 사람은 술래에게 잡혀서 술래와 새끼손가락을 걸고 서 있습니다.

8 놀이 방법을 설명하며, '첫째, 가위바위보를 해서 진 사람을 정해.'라고 하였습니다. 따라서 가장 먼저 가위바위보를 해야 합니다.

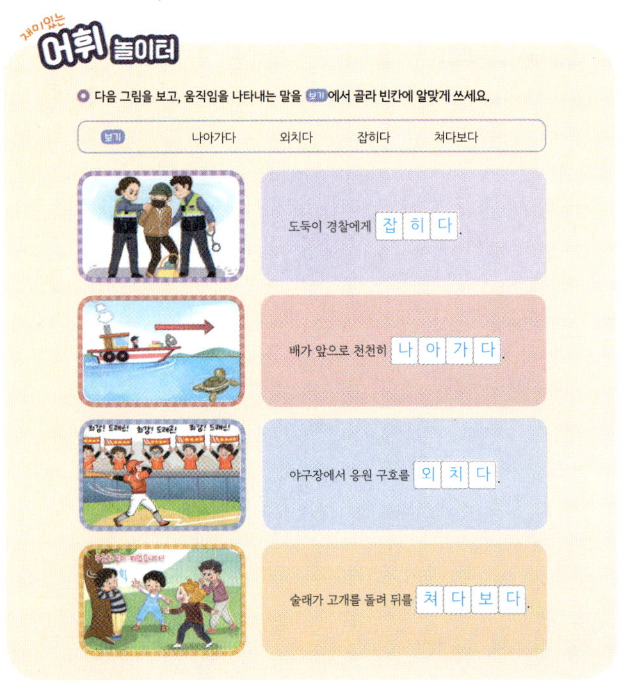

1 보내는, 배달 지역, 받는, 주소

2 ①　　　　　　**3** ③

4 ㉠ 환기시키기 ㉡ 물건 정리하기
　　㉢ 먼지 떨어내기 ㉣ 바닥 쓸기 ㉤ 닦기

5 ③　　　　　　**6** 청소를 하는 방법

2 이 글은 청소하는 방법을 설명하고 있습니다.

3 이 글에서는 일의 순서를 드러내는 말로 '첫 번째', '두 번째', '세 번째', '네 번째', '다섯 번째', '여섯 번째'가 쓰였습니다.

4 청소를 잘하기 위해서는 먼저 청소 도구를 준비한 후, 창문을 열어 환기를 시킵니다. 그리고 물건을 미리 정리해 둔 후 먼지떨이로 먼지를 떨어냅니다. 그다음으로는 바닥을 쓸고, 쓸기를 마친 후에는 걸레로 가구와 바닥을 닦습니다.

5 창밖의 공기가 오히려 실내 공기를 오염시키지는 않을지 미리 그날의 미세 먼지 수치를 확인해 보라고 하였습니다. 따라서 미세 먼지 수치가 낮다면, 날씨가 추워도 문을 열고 청소를 하는 것이 더 좋을 것입니다.

1 ㉮ → ㉯ → ㉰ → ㉱

2 (1) ○　　　　　　**3** 잡채

4 (2) ○　　　　　　**5** ①

6 ⑤

7 ㉰ → ㉯ → ㉲ → ㉱ → ㉳ → ㉴ → ㉵

8 만드는

2 이 글은 도서 대출 방법의 순서를 설명하는 글입니다. 그러나 ㉠은 책을 읽지 않는 사람이 많다는 내용이므로 이 글에 어울리지 않습니다.

4 잡채는 글쓴이가 가장 좋아하는 음식으로, 어머니께서 잡채를 좋아하시는지는 이 글을 통해 알 수 없습니다.

5 글쓴이는 잡채를 만드는 과정을 본격적으로 소개하기 전에, 잡채에 들어갈 재료를 설명하고 있습니다. 따라서 ㉠에 들어갈 말은 '시간이나 순서에서 앞서.'라는 뜻의 '먼저'입니다.

6 '여섯째' 순서를 보면, 버섯과 쇠고기를 센불에서 물기가 없어질 때까지 볶아야 한다고 하였습니다.

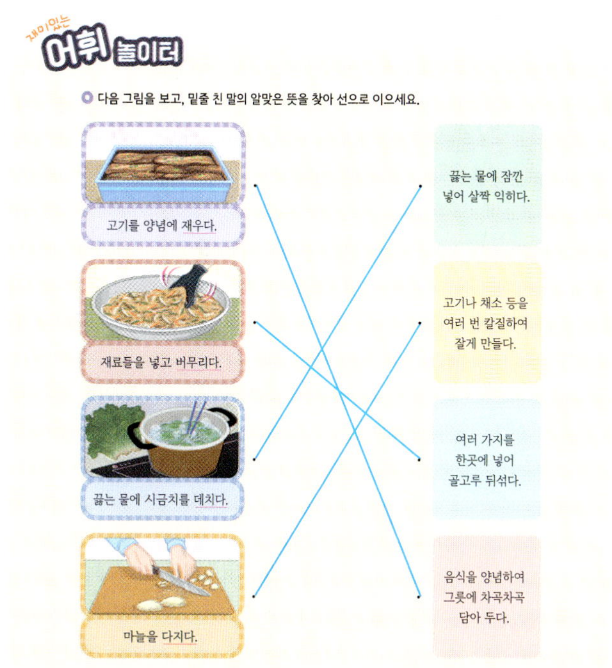

1 시력 **2** 3 - 1 - 2

3 소화전과 소화기 **4** ①

5 ⑤

6 투척용 소화기 사용 방법

7 ○ □ **8** 소화전, 투척용

1 이 글은 시력 검사 결과 안내장으로, 민주는 시력 검사 결과 왼쪽 눈 1.2, 오른쪽 눈 0.5의 결과를 받았습니다.

2 민주는 오른쪽 눈 시력이 0.5이므로, 안과에 가서 정확한 검진을 다시 받아야 합니다. 그리고 의사 선생님의 처방에 따라 안경을 맞추고, 의사 선생님의 소견서를 학교에 제출해야 합니다.

3 이 글은 옥내 소화전과 투척용 소화기 사용 방법에 대해 설명하는 글입니다. 따라서 제목으로는 '소화전과 소화기 사용 방법'이 알맞습니다.

4 바닥에 떨어지면 쉽게 깨질 수 있는 것은 투척용 소화기입니다.

5 ㉡이 있는 문단은 이 글을 정리하고 마무리하는 부분입니다. 따라서 ㉡에 들어갈 일의 순서를 드러내는 말로 알맞은 것은 '마지막으로'입니다.

6 옥내 소화전을 사용할 때, 밸브는 왼쪽으로 돌려 연다고 하였습니다.

7 이 글의 마지막 문단에서 소화기의 위치와 소화기 사용 방법을 평소에 잘 알아 두는 것이 중요함을 당부하고 있습니다.

재미있는 어휘 놀이터

○ 다음 그림과 낱말의 뜻을 보고, 빈칸에 들어갈 알맞은 말을 보기에서 골라 쓰세요.

'건강 상태를 검사하고 진찰하는 일.'은 '검진'의 뜻입니다. '병을 예방하거나 치료하기 위해 주사를 맞음.'은 '접종'의 뜻입니다. '병을 치료하기 위해 약을 짓는 방법.'은 '처방'의 뜻입니다. '여러 가지 약품을 알맞게 섞어서 약을 지음.'은 '조제'의 뜻입니다.

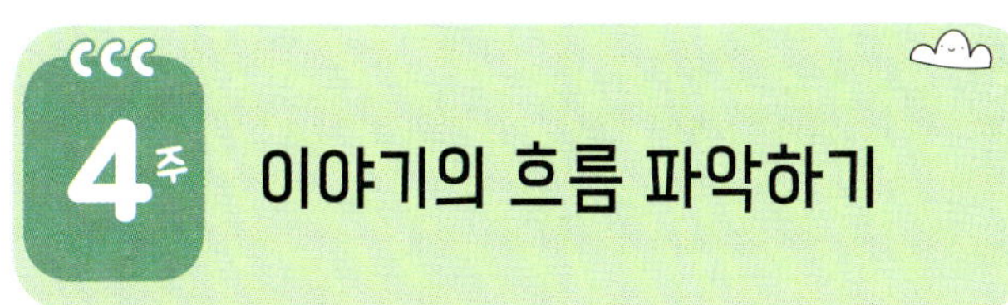

4주 이야기의 흐름 파악하기

4주 1일

🌰 ⓜ - ⓛ - ⓒ - ⓓ - ⓗ

1 ✌ ①, ⑤　　　✌ ①, ②

✌ 2 - 3 - 1 - 4

2 ✌ ①, ⑤　　　✌ 3 - 1 - 2 - 4

✌ ◯ ☐

❶

✌ 사슴은 연못가에서 사자에게 발견되었습니다. 이후 사슴은 숲으로 도망을 쳤지만 뿔이 나뭇가지에 걸려 버렸고, 결국 뒤따라온 사자에게 잡히고 말았습니다.

❷

✌ 사건은 이야기에서 일어나는 일입니다. 이야기에서는 사건과 갈등이 시작되고 긴장감이 최고조에 이르렀다가, 갈등이 해결되면서 사건이 끝이 납니다.

4주 2일

1 ㉠, ㉢, ㉡　　　2 (1) ◯

3 ④

4 (1) 2 (2) 4 (3) 3 (4) 1

5 도둑, 말

1 이 글에서 수진이는 짝을 바꾸는 날이 되어 아침부터 신이 나 있습니다. 그리고 학교에 와서는 영호를 쳐다보며, 영호와 짝이 되고 싶은 마음을 드러내고 있습니다. 그러나 수진이는 결국 종수보다 더 심한 장난꾸러기인 철규와 짝이 되어 울상이 되었습니다.

2 할아버지와 할머니는 한 개 남은 떡을 혼자 먹고 싶어서 다투다가, 결국 말 안 하기 내기를 하게 되었습니다.

3 할아버지와 할머니가 아무 말을 하지 않자 도둑은 그 집의 모든 물건을 묶어서 짊어지고 떠났다고 하였습니다. ① 이웃집에서 가져온 떡은 세 개였습니다. ② 할아버지가 할머니에게 말 안 하기 내기를 하자고 제안하였습니다. ③ 할아버지와 할머니는 내기 중이었기 때문에, 도둑을 보고도 아무 말을 하지 않았습니다. ⑤ 할아버지가 끝까지 아무 말도 하지 않자, 도저히 참을 수 없던 할머니는 할아버지에게 화를 내었습니다.

1 ⑤

2 (1) ㉮ (2) ㉯ (3) ㉯ (4) ㉮

3 1 - 4 - 5 - 2 - 3   **4** ④

5 꾀, 오백

---

1 이황의 꿈과 이황이 제자의 집을 찾았을 때의 상황으로 보아, 이황은 집이 가난한 제자를 도와주었을 것이라고 추측할 수 있습니다. 따라서 ㉠에 들어갈 내용으로 알맞은 것은 ⑤입니다.

2 ㉮ '장님의 집 뒷마당'은 돈이 담긴 항아리가 묻혀 있는 공간입니다. 따라서 (1), (4)가 알맞습니다. ㉯ '욕심쟁이 영감의 집 사랑방'은 장님과 욕심쟁이 영감이 서로 꾀를 내며 대화를 하는 곳입니다. 따라서 (2), (3)이 알맞습니다.

4 ㉠은 '장님의 꾀'로, 자신이 묻어 둔 돈을 도로 찾기 위한 꾀입니다. 장님은 욕심쟁이 영감과 이야기를 하며 자신의 돈을 가져간 사람이 욕심쟁이 영감임을 확신하게 되었습니다. 그리고 욕심쟁이 영감의 말대로 새로 생긴 천 냥을 오백 냥을 숨겨 둔 곳과 같은 곳에 숨기겠다고 말하였습니다. 따라서 ㉠의 내용으로 가장 알맞은 것은 ④입니다.

---

1 (1) 1 (2) 3 (3) 4 (4) 2

2 ○ ☐   **3** (2) ○

4 ②   **5** 준현

6 작은

---

2 베리 선생님은 땅콩을 심어서 기른 후 이를 팔아 돈을 벌려고 하였습니다.

3 적은 돈을 보냈는데도 5년 동안이나 꾸준히 노력하여 피아노를 사고 감사 편지를 보낸 베리 선생님에게 포드는 큰 감동을 받았고, 답장과 함께 만 달러를 보낸 것이라고 추측할 수 있습니다.

4 엄청난 부자인 포드가 겨우 10센트를 보낸 것에 실망한 아이도 있었으나, 선생님은 어떻게 돈을 잘 쓸지 생각해 보자고 이야기하며 아이들을 격려했다고 하였습니다.

5 베리 선생님이 포드의 작은 도움에도 진심으로 감사해 하는 모습을 통해 교훈을 주고 있는 글입니다. 따라서 준현이의 말이 느낀 점으로 알맞습니다.

재미있는 어휘 놀이터

○ 다음 밑줄 친 말과 뜻이 비슷한 말을 골라 ○표 하세요.

재미있는 어휘 놀이터

○ 다음 그림을 보고, 공통된 한자가 붙는 말을 보기에서 골라 빈칸에 알맞게 쓰세요.

이 낱말들에는 공통으로 '금'이 들어 있어요. 한자 '금(金)'은 어떤 말의 뒤에 붙어서 '돈' 이라는 뜻을 더해 주는 말이에요. '이익금'은 이익으로 남은 돈, '기부금'은 돕기 위해 대가 없이 내놓는 돈, '장학금'은 공부를 잘하거나 형편이 어려운 학생에게 주는 돈을 뜻해요.

1 (1) 5 (2) 3 (3) 4 (4) 1 (5) 2

2 (1) ○

3 ③

4 ①

5 ○ ☐ ○

6 부끄러움

3 원님도 맹사성을 알아보지 못하고 소를 타고 있는 맹사성을 큰 소리로 꾸짖었다고 하였습니다.

4 '임금을 도와 일을 하면서도 비가 새는 초가집에 살았다.'는 맹사성이라는 인물을 설명하는 내용으로, 이 이야기에서 일어난 중심 사건으로 볼 수 없습니다. 그에 반해 원님이 길을 청소해 두고 길을 막다가 뒤늦게 정승이 소를 탄 노인임을 알고 부끄러워한 내용은 이 이야기의 줄거리를 구성하는 중심 사건에 해당합니다. 따라서 중심 사건만을 골라 시간의 흐름대로 정리한 것은 ①입니다.

5 포졸과 원님은 겉모습을 보고 사람을 판단하여, 맹사성을 알아보지 못하였습니다. 따라서 이 글을 통해 겉모습을 보고 사람을 판단하면 안 된다는 깨달음을 얻을 수 있습니다. 또한 맹사성은 자신에게 화를 낸 포졸과 원님에게 화를 내지 않고 태연하게 웃으며 답하고 있는데, 이를 통해 너그러운 마음씨를 가져야겠다는 깨달음을 얻을 수 있습니다.

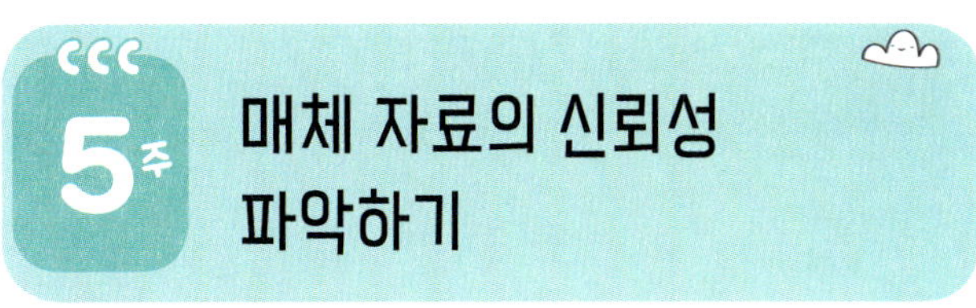

1 준우는 포스터의 그림과 글의 내용이 서로 달라서 포스터를 통해 전달하려는 정보를 이해하지 못하였습니다.

2 자료가 믿을 만한지 알아보기 위해서는 출처가 신뢰할 만한지, 제시된 내용이 정확한지 확인해 보아야 합니다.

1 (2) ○ **2** ⑤

3 인터넷 **4** ③

5 나래 **6** (1) X (2) ○ (3) ○

7 식사

2 신문 기사의 신뢰성을 파악할 때에는 기사 내용이 사실인지, 다른 사람의 저작권을 침해하지는 않았는지 등을 종합적으로 살펴보아야 합니다.

3 민영이는 숙제를 하기 위해 인터넷으로 인터뷰 기사를 찾았다고 하였습니다.

4 일본에서는 밥그릇을 들고 밥을 먹는다고 하였습니다.

5 일본에서는 면을 먹을 때 소리를 내면서 먹는 것이 맛있다는 뜻이라고 하였으므로, 나래의 말이 알맞습니다.

6 자료가 믿을 만한지 알아보기 위해서는 출처를 확인하고 권위 있는 기관이나 전문가의 의견이 제시되어 있는지 살펴봅니다. 또 내가 찾은 자료의 내용과 다른 누리집의 내용을 비교해 봅니다.

1 ② **2** 공경

3 (1) ○ **4** ②

5 ③ **6** 재현

7 높임

2 높임 표현에는 대상을 공경하는 마음이 담겨 있습니다.

3 이 글은 잘못된 높임 표현을 바르게 고쳐서 사용하자는 내용을 담고 있습니다.

4 '화장실'과 같은 사물을 높이는 것은 잘못된 높임 표현이므로 '화장실은 왼쪽에 있습니다.'가 알맞습니다.

5 이 글은 잘못된 높임 표현을 바르게 사용하자는 내용이므로, 자료를 더 찾는다면 '잘못된 높임 표현의 예'가 검색어로 알맞습니다.

6 매체 자료의 내용이 믿을 만한지 파악하기 위해서는 자료의 내용이 정확한지 확인해야 합니다. 그리고 하나의 자료만을 확인하기보다는, 다른 누리집에서 관련된 내용을 더 찾아본 후 비교해 보는 것이 좋습니다.

1 ○ X ○		**2** 도운	
3 ②		**4** 오름	
5 (○), ( ), (○)		**6** ①	
7 ⑤		**8** 화산, 오름, 용천수	

3 제주도는 화산이 폭발하여 생긴 화산섬이라고 하였습니다.

4 오름은 제주도의 방언으로 소규모 화산을 뜻합니다.

5 오름은 큰 화산이 폭발하면서 그 주위에 생긴 소규모 화산입니다.

6 나래가 찾은 자료에는 잘못된 정보가 있었으므로 자료의 출처가 믿을 만한지 확인해 보아야 합니다.

7 조사한 자료에 담긴 정보가 정확한지 파악하지 않고 가져온 실수를 한 나래가 느낀 점으로 가장 알맞은 것은 ⑤입니다.

재미있는 어휘 놀이터

🔵 다음 그림을 보고, 빈칸에 들어갈 말을 맞춤법에 맞게 쓴 것을 **보기** 에서 골라 쓰세요.

보기	움큼	찌개	창피	폭발
	웅큼	찌게	챙피	폭팔

---

1 영현		**2** ⑤	
3 수진		**4** ☐ ○	
5 ⑤		**6** 어린이 교통사고	

2 **가**~**다** 의 그래프는 모두 어린이 교통사고와 관련된 자료입니다. 최근 5년간 어린이 교통사고의 추세, 어린이 교통사고의 특징, 스쿨 존 내 어린이 교통사고의 각 현황과 특징을 살펴볼 수 있으므로 ⑤가 가장 알맞습니다.

3 출처 표기로 보아, **가**~**다** 의 자료는 모두 '도로교통공단 교통사고분석시스템'의 통계임을 알 수 있습니다. 따라서 이 자료들은 신뢰할 수 있는 정보이므로 수진이의 말이 알맞습니다.

4 **가** 를 보면, 최근 5년간 어린이 교통사고 발생 건수는 2019년과 2020년 사이에 줄어들었다가 2020년부터 늘어나는 모습을 보이고 있으므로, **가** 를 활용하여 최근 5년간 어린이 교통사고 발생 건수가 점점 줄어들고 있다는 것을 보여 주겠다는 계획은 알맞지 않습니다.

5 스쿨 존 내 어린이 교통사고 그래프를 보면, 2021년과 2022년의 발생 건수는 523건에서 514건으로 줄어들었으므로, 전국의 교통사고 발생 건수가 2년째 같다는 설명은 알맞지 않습니다.

재미있는 어휘 놀이터

🔵 다음 그림을 보고, 단위를 나타내는 말을 **보기** 에서 골라 빈칸에 알맞게 쓰세요.

보기	건	권	정	채

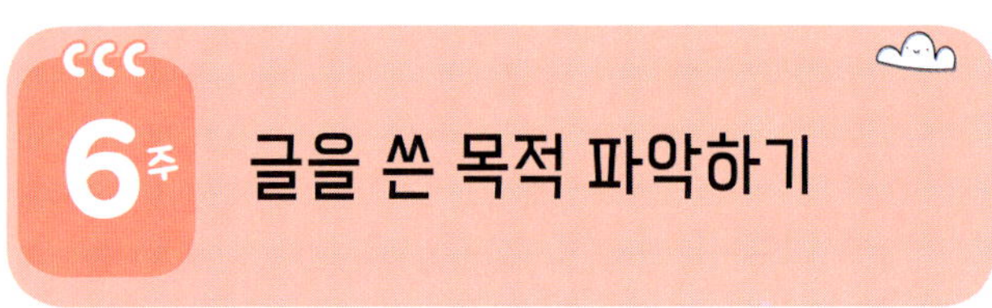

6주 글을 쓴 목적 파악하기

6주 1일

🌰 화석

1 ✌ ②　　　✌ ④

2 ✌ (2) ○　　　✌ ⑤

① ✌ 이 글은 놀이동산을 이용할 때 주의할 점을 안내하기 위해 쓰였습니다.

② ✌ 교실 안에 말벌이 들어와서 친구들이 쏘이거나 쏘일 뻔했고, 말벌을 피하느라 소리를 지르는 소동이 벌어졌다고 하였으므로 (2)가 알맞습니다. 방충망을 설치하는 것은 제시한 대책 중 하나입니다.

✌ 이 글은 말벌에 대한 세 가지의 대책 중에서 한 가지를 고르기 위해 의견을 모아 달라고 요청하는 글입니다.

6주 2일

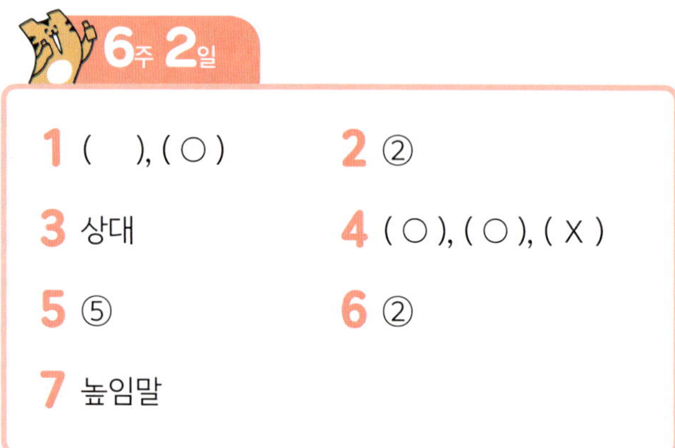

1 (　　), (○)　　　2 ②

3 상대　　　4 (○), (○), (Ｘ)

5 ⑤　　　6 ②

7 높임말

2 이 글은 음식물 쓰레기의 양이 늘어났을 때의 여러 가지 문제점에 대해 말하면서, 음식물 쓰레기를 남기지 말자고 주장하고 있습니다.

3 할아버지께서는 말을 상대에 따라 다르게 사용하여야 함을 알려 주시기 위해 시현이와 우현이에게 편지를 쓰셨습니다.

4 '밥'은 예사말이고 '진지'는 높임말이므로, 상대방에 따라 다르게 사용해야 합니다.

6 시현이와 우현이의 댓글을 통해 두 사람이 높임말을 바르게 사용하지 못했다는 것을 알 수 있습니다. 또한 우현이의 댓글에서 '멋진 손자 김우현 올림'이라는 내용을 통해 우현이가 남자아이임을 알 수 있고, 다음에는 저희가 할아버지 댁에 놀러 갈 것이라고 한 말을 통해 할아버지께서 집에 왔다 가셨으며, 할아버지 댁에 놀러 가고 싶어 함을 짐작할 수 있습니다. 그러나 댓글에 우현이와 시현이의 나이에 대한 정보는 제시되어 있지 않으므로, ②는 알 수 없습니다.

1 새연

2 나영이 엄마, 준희 엄마, 영호 아저씨 각시

3 ⑤   **4** ④

5 ☐ ○ ☐   **6** 서연

7 (2) ○   **8** 어울려

2 이 시에 등장하는 인물은 나영이 엄마, 준희 엄마, 영호 아저씨 각시, 할머니입니다. 이 중 할머니를 제외한 나머지 인물들은 외국에서 온 사람들입니다.

3 이 시는 우리 사회의 다문화 가정을 소재로 하여 다른 나라에서 이주해 온 사람들이 모두 함께 어울려 살아갈 것을 말하고 있습니다.

4 말하는 이는 "이러다가 우리 동네 사람들 속에 어울리지 못하면 어쩌나?"라며 다른 나라에서 온 사람들이 동네 사람들과 어울리지 못할까 봐 걱정하고 있습니다.

6 이 시에서는 할머니의 말을 통해 아까시나무, 달맞이꽃, 개망초가 해마다 어울려 꽃피우는 것처럼 다른 나라에서 이주해 온 사람들도 함께 어울려 살아갈 것이라며 걱정하지 말라고 이야기하고 있습니다. 따라서 서연이의 짐작이 알맞습니다.

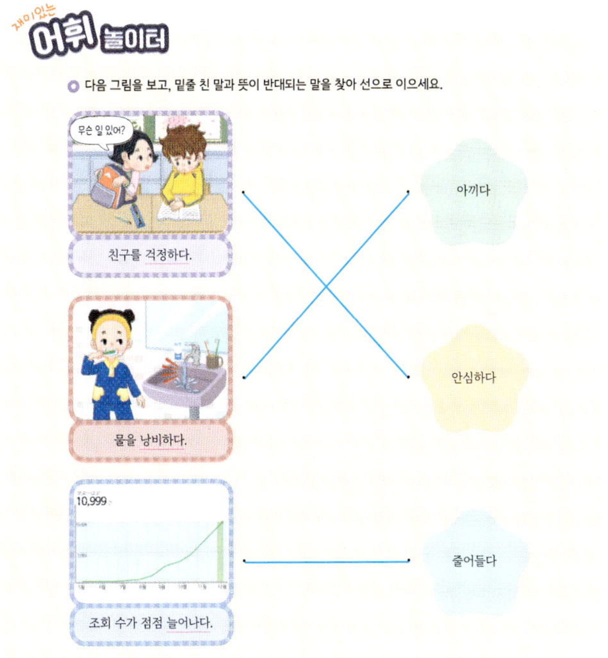

재미있는 **어휘 놀이터**

◎ 다음 그림을 보고, 밑줄 친 말과 뜻이 반대되는 말을 찾아 선으로 이으세요.

1 ④   **2** ④

3 ④   **4** ②

5 (○), (   ), (   )   **6** ④

7 ②   **8** 일회용품

4 사진의 종이컵은 나무(자연)를 의미합니다. 종이컵을 뽑는 데는 1초가 걸리지만, 이렇게 우리가 손쉽게 종이컵을 사용할 때마다 축구장만 한 면적의 숲이 사라지고 있다고 하였으므로, 일회용품을 사용할수록 숲은 점점 줄어들 것입니다.

5 광고에서는 의견을 뒷받침하기 위하여 사진이나 그림을 사용하기도 하고, 글자 크기를 다르게 하여 중요한 내용을 강조하기도 합니다. 글로만 자세하게 설명해야 광고의 효과를 살릴 수 있다는 설명은 알맞지 않습니다.

6 "뽑는 데 1초, 자라는 데 20년"은 읽는 사람의 호기심을 불러일으키는 표현으로, 종이컵을 만들기 위해 숲이 사라진다는 중요한 내용을 전달하면서 환경 문제의 심각성을 잘 드러내 줍니다. '1초', '20년'처럼 숫자를 사용하면 내용 이해가 더 쉬워집니다.

7 이 광고는 일회용품 사용을 줄여 자연을 보호하자는 의견을 전달하고 있습니다. 따라서 광고를 만든 의도로 가장 알맞은 것은 ②입니다.

재미있는 **어휘 놀이터**

◎ 보기를 보고, 다음 문장에 어울리는 말을 골라 ○표 하세요.

1 태윤 **2** (1) ◯

3 ③ **4** ②

5 우리 몸 **6** 민철

7 ⑤ **8** 우리 몸

1 이 글은 정약용이 두 아들에게 쓴 편지로, 아들들이 다른 사람들의 도움에 익숙해져 항상 은혜를 베풀어 주기만 바라고 있는 것이 걱정되어 편지를 보낸다고 하였습니다.

2 글쓴이는 이 편지를 받을 사람인 아들들이 다른 사람들의 도움을 받는 것에 익숙해져 있는 것을 보고 걱정이 되었다고 했습니다. 그래서 받기만 하지 말고, 어려운 사람을 보면 도와주는 사람이 되기를 바라는 마음에 이 편지를 썼습니다.

3 글쓴이는 『신기한 과학 이야기』라는 책을 읽고 자기의 생각과 느낌을 말하고 있습니다.

4 『신기한 과학 이야기』에는 우리 몸에 대한 이야기, 여러 식물과 동물 이야기, 공룡 이야기, 지구에 대한 이야기가 실려 있다고 하였습니다. 그러나 운동에 대한 이야기는 실려 있지 않습니다.

5 글쓴이는 이 책에서 우리 몸에 관한 이야기가 가장 재미있었다고 하였습니다.

6 글쓴이는 『신기한 과학 이야기』를 읽고 태아가 어머니의 배 속에 있을 때 탯줄을 통해서 영양분을 받아먹고 자랐다는 사실을 알게 되어 놀라웠다고 하였습니다. 따라서 알맞게 말한 친구는 민철입니다.

7 글쓴이는 『신기한 과학 이야기』를 읽은 후 우리가 먹는 여러 음식에 들어 있는 영양분이 우리 몸을 튼튼하게 하고 키도 크게 한다는 사실을 알게 되었으며, 이 사실을 키가 작아서 걱정하는 친구들에게 꼭 알려 주어야겠다고 말하였습니다. 따라서 ⊙이 가리키는 내용으로 가장 알맞은 것은 ⑤입니다.

다음 그림을 보고, 밑줄 친 말과 뜻이 비슷한 말을 보기 에서 골라 빈칸에 알맞게 쓰세요.

보기 능숙하다 망각하다 보살피다 시행하다

'돌보다'는 '어떤 대상에 관심을 가지고 보호하여 살피다.'의 뜻이므로, '정성껏 보호하여 돕다.'라는 뜻의 '보살피다'와 뜻이 비슷한 말입니다. '익숙하다'는 '어떤 일을 여러 번 하여 서두르지 않다.'의 뜻이므로, '어떤 일에 뛰어나고 익숙하다.'라는 뜻의 '능숙하다'와 뜻이 비슷한 말입니다. '까먹다'는 '어떤 사실이나 내용 등을 잊어버리다.'의 뜻이므로, '어떤 사실이나 내용을 잊어버리다.'라는 뜻의 '망각하다'와 뜻이 비슷한 말입니다. '실시하다'는 '어떤 일이나 법, 제도 등을 실제로 행하다.'의 뜻이므로, '실제로 행하다.'라는 뜻의 '시행하다'와 뜻이 비슷한 말입니다.

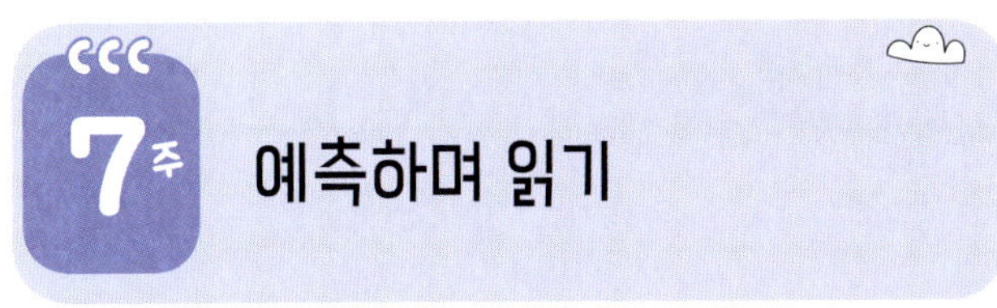

7주 예측하며 읽기

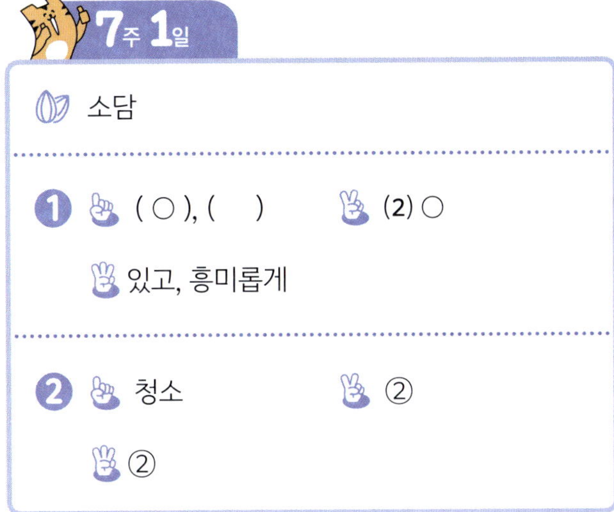

7주 1일

🌰 소담

1 ✊ (○), (　)　✌ (2) ○

　　🖐 있고, 흥미롭게

2 ✊ 청소　　✌ ②

　　🖐 ②

①

👆 그림을 보면, 종달새들이 나란히 앉아 다정하게 노래를 부르는 것처럼 느껴집니다. 따라서 노랫말의 내용을 알맞게 예측한 친구는 한나입니다.

②

🖐 글쓴이는 집 안 청소를 한 후, 물걸레로 매일 닦은 창틀에 어느새 먼지가 쌓인 것을 보고 공기의 오염이 매우 심각하다는 것을 새삼 깨달았다고 하였습니다.

7주 2일

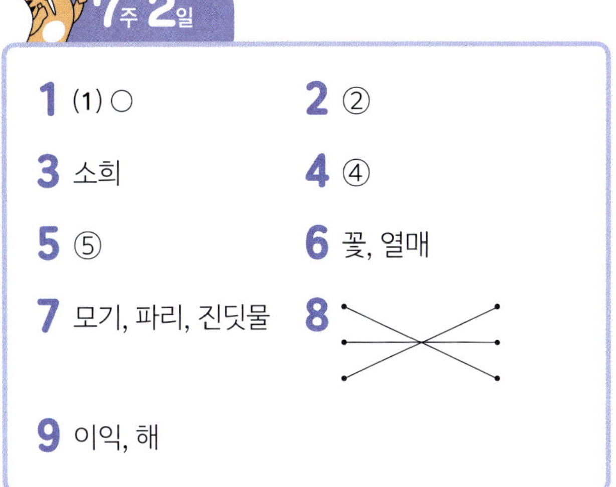

1 (1) ○　　　**2** ②

3 소희　　　**4** ④

5 ⑤　　　**6** 꽃, 열매

7 모기, 파리, 진딧물　　**8** ✕

9 이익, 해

2 〔가〕에서 딱따구리는 한 번 만든 집을 몇 해 동안 쓴다고 하였습니다.

4 무당벌레가 날아와 연두색의 작은 곤충을 잡아먹는 것을 볼 수 있다고 하였고, 무당벌레는 식물의 줄기나 잎에 붙어서 진을 빨아 먹는 진딧물을 잡아먹는다고 하였습니다. 이 두 설명을 통해 ㉠은 진딧물임을 알 수 있습니다.

5 무당벌레는 식물의 줄기나 잎에 붙어서 진을 빨아 먹는 진딧물을 잡아먹기 때문에 정원을 아름답고 깨끗하게 만들어주는 정원사라고 하였으므로, ㉡이 가리키는 곤충은 무당벌레입니다.

6 벌은 이 꽃 저 꽃을 날아다니며 꿀을 모으고, 꽃가루를 옮겨 주어 식물이 열매를 맺도록 도와준다고 하였고, 나비도 날아다니며 꽃가루를 옮겨 준다고 하였습니다. 따라서 벌과 나비는 이익을 주는 곤충이라고 할 수 있습니다.

1 ④　　**2** 우주

3 연희　　**4** ②

5 ②, ④　　**6** ○ □

7 아래쪽, 공기

1 제목, 소개말, 차례에는 모두 우리나라에 공룡이 이주해 온 까닭이 제시되어 있지 않습니다. 차례의 '점박이의 홀로서기'에서 알 수 있습니다(①). 차례의 '두근두근 설레는 첫 사냥'에서 알 수 있습니다(②). 차례의 '점박이가 태어났어요'에서 알 수 있습니다(③). 소개말에서 우리나라에서 살았던 공룡의 모습을 생생하게 표현하였다고 했습니다(⑤).

3 지구의 위성인 달이 차례의 14쪽에 나와 있으므로 이 내용을 다루고 있음을 알 수 있습니다.

5 나에서 지구의 강한 중력이 모든 것을 아래쪽으로 잡아당기고 있어 지구를 떠날 때에는 엄청난 속도를 내어야 한다고 하였습니다. 또한, 우주에는 공기가 없어 우주로 나가면 공기에 의지할 수 없게 된다고 하였습니다. 이러한 문제점 때문에 우주가 멀지는 않지만 우주에 쉽게 가지 못한다고 하였습니다.

재미있는 어휘 놀이터

◎ 다음 그림을 보고, 밑줄 친 말과 뜻이 비슷한 말을 찾아 선으로 이으세요.

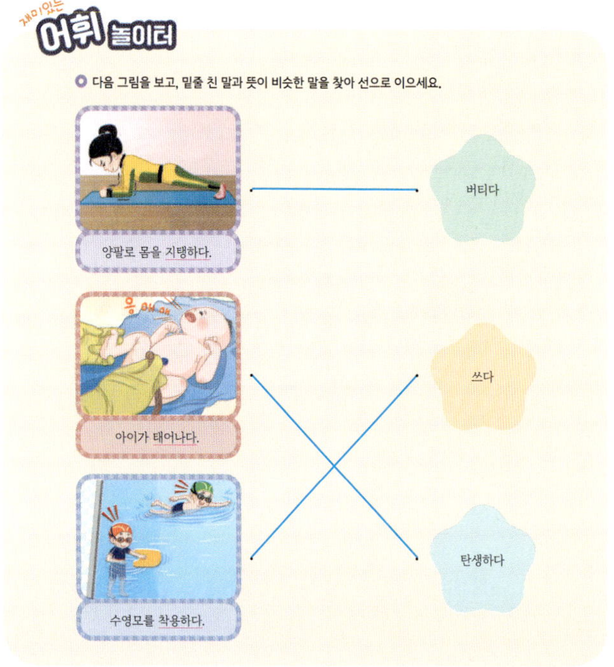

1 ○ □　　**2** ④

3 어머니　　**4** ④

5 두드러기　　**6** ③

7 양보했다는

2 말하는 이는 단짝 친구가 전학을 가서 그리움을 느끼고 있으며, 친구와 함께했던 놀이도 재미가 없고 쉬는 시간, 점심시간도 즐겁지 않다고 하였습니다.

4 어머니는 칠 남매가 무섭게 달려들어 삼계탕을 먹는 모습을 흐뭇한 표정으로 바라보았다고 하였습니다.

5 막내딸이 어머니 앞에 삼계탕을 내놓자 다른 남매들이 깜짝 놀라며 "아니, 막내야. 어머니는 삼계탕을 드시면 두드러기가 나잖아. 잊어버린 거야?"라고 말했다고 하였습니다. 이를 통해, 어머니께서는 남매들이 어린 시절에 닭고기를 먹으면 몸에 두드러기가 난다고 하시면서 삼계탕을 드시지 않았음을 알 수 있습니다.

6 어머니께서 칠 남매가 다 먹은 삼계탕 그릇에 들어 있던 닭 뼈를 빨고 계시던 모습을 보았다는 막내의 이야기를 들은 나머지 남매들은, 어머니가 자식들을 위해 삼계탕을 양보한 것임을 알고 가만히 고개를 끄덕였습니다.

재미있는 어휘 놀이터

◎ '비우다'는 뜻이 여러 가지인 말입니다. 밑줄 친 '비우다'의 알맞은 뜻을 골라 빈칸에 번호를 쓰세요.

비우다
① 안에 든 것을 없애 속을 비게 하다.
② 시간을 자유롭게 하다.
③ 욕심이나 집착을 버리다.

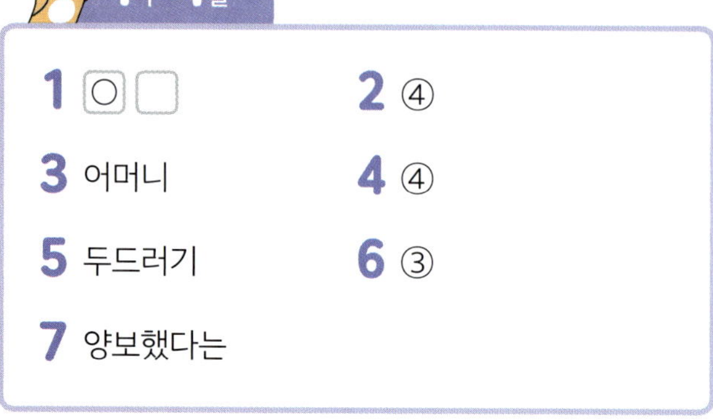

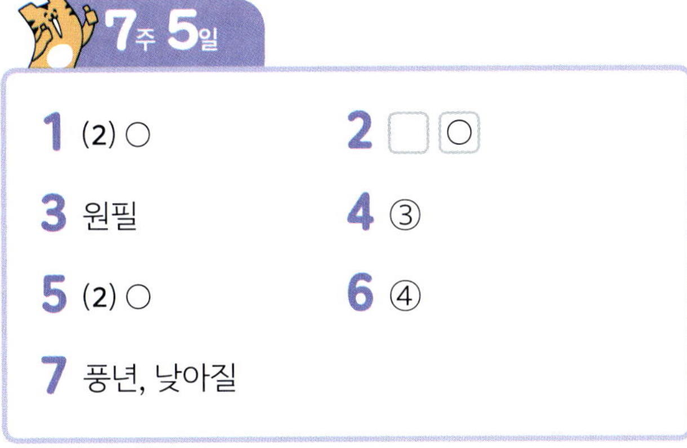

2 이 광고에서 위험한 상황이 생겼을 때 고층 건물에서는 엘리베이터보다 계단으로 대피해야 한다고 하였습니다.

3 이 글은 풍년이 들었지만 농산물의 가격이 떨어질까 봐 걱정하고 있는 농부들의 모습을 보여 주고 있습니다.

4 농부 아저씨들이 걱정을 하는 까닭은 바로 가격 때문이라고 하였습니다. 팔 물건은 많은데 살 사람이 많지 않으면 가격이 떨어져서 이익도 적어지기 때문입니다.

5 농부들은 풍년이 들었지만 가격이 떨어질까 봐 걱정을 하고 있습니다. 따라서 물건을 사려는 사람들이 얼마나 될지 미리 생각하여 적당한 양의 농산물을 생산하는 것이 좋을 것이라는 생각을 할 수 있습니다.

6 이 글은 풍년이 들어도 물건값이 떨어지는 것을 걱정해야 하는 농부의 처지를 설명하고 있습니다. 농부들의 일손을 덜어 줄 해결책을 찾는 것은 이 글을 비판적으로 평가하는 것과는 관련이 없습니다.

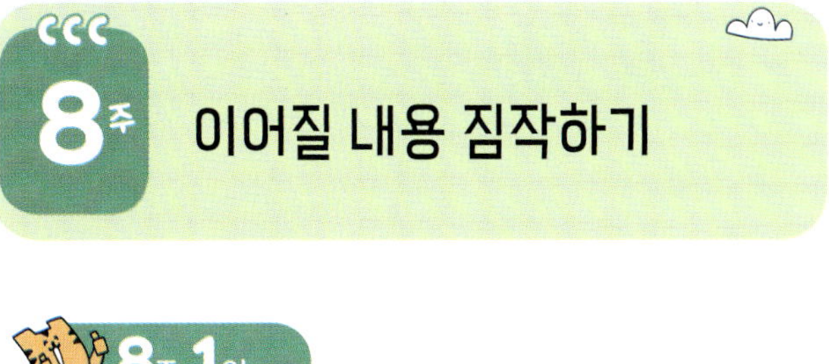

❶ 수아는 책을 읽는 것을 좋아하시지만 다른 책이 없어서 같은 책만 스무 번을 넘게 읽으신 할머니를 위해 다음번에 올 때는 재미있는 책을 가져오겠다고 약속하였습니다.

❷ 자린고비 영감은 온 동네에서 알아주는 구두쇠로, 밥을 먹은 후에는 반찬을 먹는 대신 굴비를 쳐다보고 짚신 닳는 것이 아까워 짚신을 허리에 차고 맨발로 걸어 다녔다고 하였습니다. 즉, 이 모든 행동은 돈을 아끼기 위한 것으로 볼 수 있습니다.

1 은성 **2** (2) ○

3 ⑤ **4** ☐ ☐ ○

5 ④ **6** ③, ④

7 (○), ( ), (○) **8** 두고, 힘들었습니다

2 먼저 온 양반은 박 노인을 존중하지 않았지만, 뒤이어 들어온 양반은 박 노인을 존중하며 깍듯하게 대했습니다. 따라서 박 노인은 먼저 온 양반에게 (2)처럼 대답하였을 것입니다.

3 민준이는 1학년 때부터 아빠와 꾸준히 줄넘기를 해 왔기 때문에, 줄넘기라면 조금 자신이 있다고 하였습니다.

4 민준이는 가방 안에 넣어 둔 줄 알았던 줄넘기가 보이지 않아서 당황했다고 하였습니다.

5 키가 큰 찬우의 줄넘기는 민준이에게 너무 길어서 자꾸만 발에 걸렸고, 민준이의 마음은 조급해지기 시작했다고 하였습니다.

6 글의 내용을 통해, 민준이는 발이 줄에 걸려서 줄넘기를 넘는 것이 힘들었다는 것을 알 수 있습니다. 따라서 민준이는 정해진 시간이 끝났을 때 평소의 실력만큼 줄을 넘지 못해서 자신의 기록에 실망했을 것이라고 짐작할 수 있습니다.

재미있는 **어휘 놀이터**

사다리를 타고 내려가 단위를 나타내는 말을 따라 쓰고, 무엇을 나타내는지 확인해 보세요.

---

1 ⑤ **2** (   ), (○)

3 (   ), (   ), (○) **4** ①

5 ② **6** ○ ☐

7 혼자

1 글 속에서 ㉠ '이런 큰 참외를 본 적이 있는가?'를 살펴보면, 문장의 형식은 무엇인가 묻는 문장이지만, 이어지는 내용으로 볼 때 대답을 요구하는 문장은 아니라는 것을 알 수 있습니다. 묻는 문장으로 제시함으로써 '이렇게 큰 참외는 본 적이 없다.'라는 의미를 강조하고 있습니다.

3 로빈슨이 하는 일은 다른 사람의 도움이 있다면 쉽게 할 수 있는 일들이지만 이 이야기 속에서 로빈슨은 그 모든 일을 스스로 하고 있습니다. 또한 혼잣말하는 버릇까지 생긴 것으로 보아, 현재 로빈슨은 다른 사람의 도움을 받을 수 없는 외딴곳에 있다는 것을 짐작할 수 있습니다.

6 로빈슨은 날마다 한 번씩 개를 데리고 사냥을 하였고, 새나 산토끼, 염소도 가끔 잡아 왔다고 하였습니다. 이를 통해 다른 동물들이 있다는 것을 알 수 있으며, 기름은 동물에게서 얻을 수 있다는 것을 짐작할 수 있습니다. 따라서 '생각 끝에 로빈슨은 염소에게서 기름을 얻었고, 식물의 껍질을 활용해서 심지를 만들어 불을 붙이니 어둠을 밝힐 수 있었다.'가 이어질 내용으로 알맞습니다.

재미있는 **어휘 놀이터**

다음 그림을 보고, 빈칸에 들어갈 말을 맞춤법에 맞게 쓴 것을 골라 ○표 하세요.

1 ☐ ○ **2** (2) ○

3 첫째 **4** ⑤

5 졸업식, 우등상, 옷

6 ② **7** 사라져

1 황희 정승은 ㉠의 말을 듣고 깊이 깨달았다고 하였습니다. 이 이야기에서 농부는 누렁소의 마음이 상할까 봐 황희 정승에게 귓속말을 하였으며, 이를 통해 농부는 상대방의 입장을 생각하여 행동하는 사려 깊은 성격이라는 것을 알 수 있습니다. 따라서 ㉠에 들어갈 농부의 대답으로는 "비록 짐승이지만 자기가 남보다 못하다는 말을 들으면 어찌 기분이 좋겠습니까?"가 알맞습니다.

3 '동생들은 뾰로통하여 투덜거렸습니다.'와 마지막 문장인 '난 그것만으로도 충분하였습니다.'를 통해 이 글은 삼 형제 중 첫째의 시점에서 쓰였다는 것을 알 수 있습니다.

5 아버지께서는 졸업식 날 대표로 우등상을 받게 된 '나'에게 좋은 옷을 사 주기 위해서 '나'의 졸업식 때까지 계란 반찬은 없다고 하셨습니다.

6 막내가 계란 도둑이었음이 밝혀지고, 어머니는 자신을 위하는 막내의 마음을 알고 감동을 받으셨을 것입니다.

재미있는 **어휘 놀이터**

밑줄 친 한자어를 가리키는 고유어를 보기 에서 골라 빈칸에 쓰세요.

보기   고뿔   달걀   마루   벗

---

1 (2) ○ **2** ⑤

3 무거워, 빨아들인 **4** 젊어서

5 ☐ ○ **6** ⑤

7 덕진 **8** (2) ○

9 없어, 꾸어

1 당나귀가 소금을 지고 개울을 건널 때에는 발을 헛디뎌 물에 빠진 것이므로 일부러 물에 빠졌다고 볼 수 없습니다. 그러나 다음 날 솜을 지고 바닷가를 지날 때에는 전날의 경험을 생각하며 짐이 가벼워지기를 바라고 일부러 물에 빠진 것이므로 두 번 모두 일부러 물에 빠졌다는 설명은 알맞지 않습니다.

4 염라대왕은 수명을 적어 놓은 책을 다시 살펴보더니, 영암 원님에게 저승사자들이 잘못 데려왔다며 이승으로 돌아가라고 하였습니다.

5 저승 곳간은 이 세상에서 좋은 일을 한 만큼 재물이 쌓이도록 되어 있다고 하였습니다.

6 몹시 가난한 아낙이 아기를 낳을 때 쩔쩔매는 것을 우연히 보고 짚 한 단을 구하여 준 일이 영암 원님이 한 단 한 번의 좋은 일입니다.

재미있는 **어휘 놀이터**

다음 그림을 보고, 밑줄 친 관용 표현의 알맞은 뜻을 찾아 선으로 이으세요.

메모

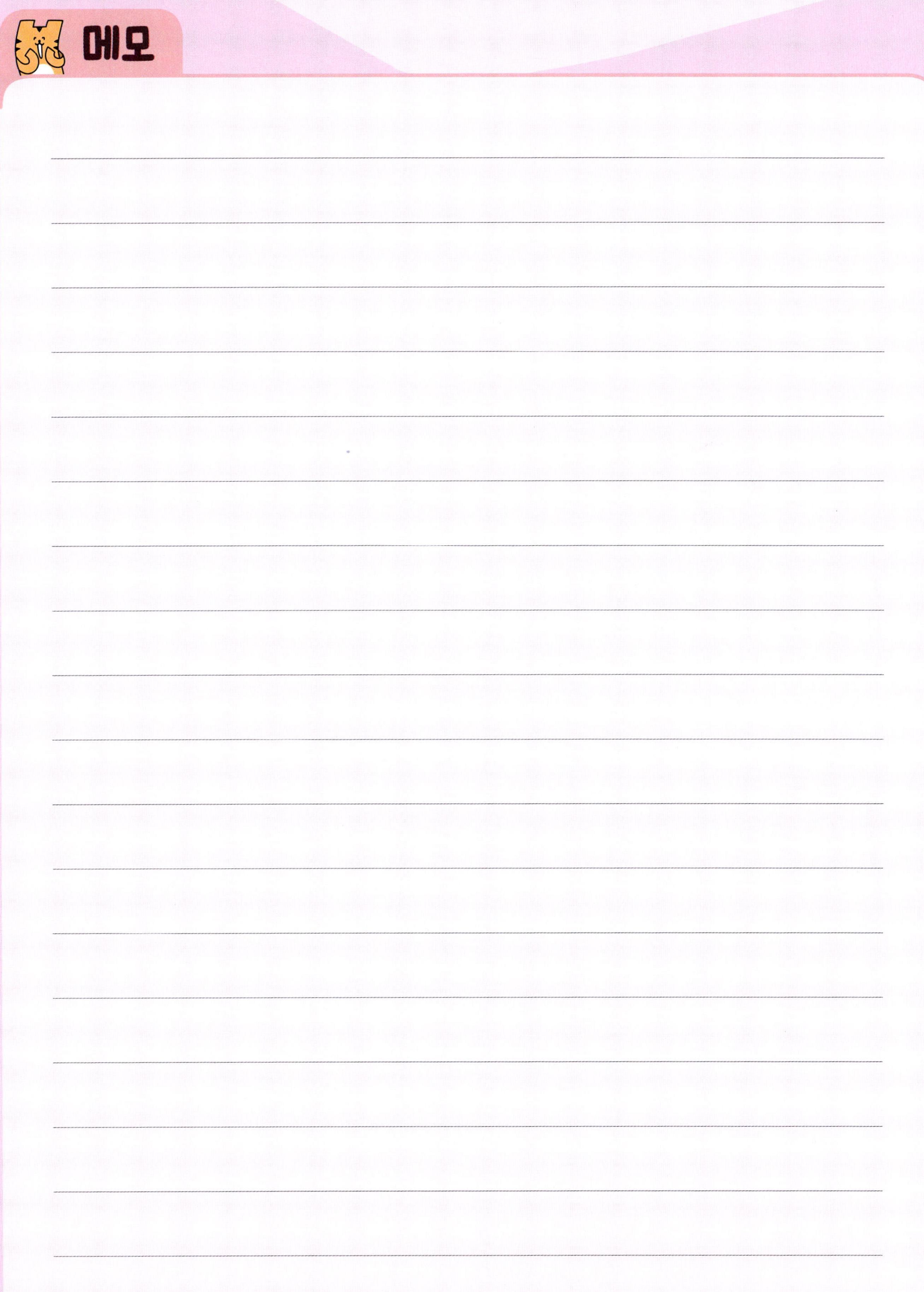
메모

◯ 하루 한장 독해 4단계 제재 출처

일차	제재명	지은이	출처
1주 3일 - 2쪽	손 깨끗이 씻기		식품의약품안전청
5주 1일 - 1쪽	산불 발생 건수		통계청 통계놀이터 누리집(http://kosis.kr/edu)
5주 1일 - 3쪽	녹둔도	이왕무	「조선 시대 녹둔도의 역사와 영역 변화」, 한국학중앙연구원, 2011.
5주 5일 - 2쪽	어린이 교통사고		도로교통공단 교통사고분석시스템 누리집 (http://taas.koroad.or.kr)
6주 3일 - 1쪽	링컨	유동범 엮음	『천재들의 우화』, 바움, 2004.
6주 3일 - 2쪽	걱정 마	정진숙	『아무도 모르는 일』, 청개구리, 2010.
6주 4일 - 1쪽	안 아픈 예방주사		한국방송광고진흥공사, 2015.
6주 4일 - 2쪽	뽑는 데 1초 자라는 데 20년		한국방송광고진흥공사, 2010.
6주 5일 - 1쪽	정약용 친필 편지	정약용 글, 한문희 엮음	『아버지의 편지』, 함께읽는 책, 2004.
7주 1일 - 2쪽	종달새		심우성 채록
7주 3일 - 2쪽	우주대여행	헤더 쿠퍼, 나이젤 헨베스트 글, 박인식 옮김	『우주대여행』, 루덴스, 2009.
7주 4일 - 1쪽	전학	최예나	『꿈을 찾아 떠나는 여행』, (주)미래엔, 2018.
7주 4일 - 2쪽	삼계탕에 담긴 행복	고수산나, 양미진	『행복한 동화 - 마음이 따뜻해지는 36가지 이야기 -』, (주)해피북스, 2009.
7주 5일 - 1쪽	안전 교육이 비상구입니다!		한국방송광고진흥공사, 2003.
7주 5일 - 2쪽	풍년이 들어도 걱정	고수산나	『피노키오의 몸값은 얼마일까요?』, 아이세움, 2008.
8주 1일 - 2쪽	수아의 봉사 활동	고수산나	『콩 한 쪽도 나누어요』, 열다출판사, 2014.
8주 4일 - 2쪽	계란 도둑	이미애	『TV 동화 행복한 세상 1』, 샘터, 2002.

하루의 학습이 끝날 때마다
붙임딱지를 골라 붙여 사탕 주머니를 꾸며 보세요.

독해 실력을 키울 때마다 달콤하게 채워지는

___________ 의 사탕 주머니

↰ 이름을 쓰세요.

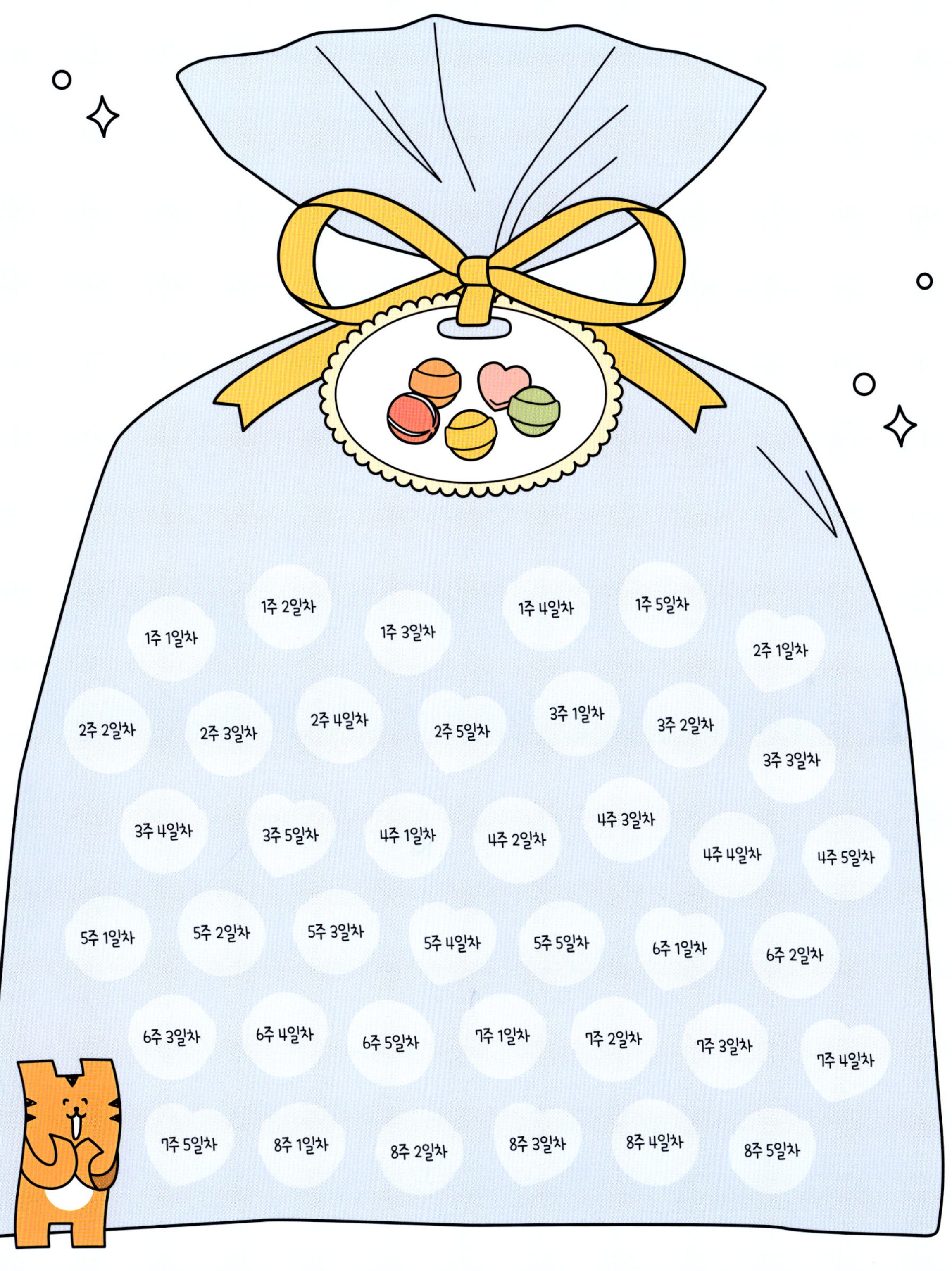

사탕 주머니를 다 채웠을 때
부모님과의 약속♥

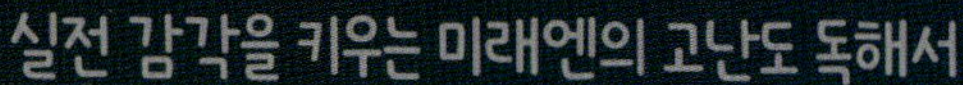

이럴 때 추천해요!

누가? 하루 한장 독해를 다 풀고 독해의 기본기를 다진 학생

언제? 고난도 지문과 문제로 독해 집중 훈련을 하고 싶을 때

교재 미리 보기

* 1~6단계로 구성되어 있으며, 5~6단계는
순차적으로 개발될 예정입니다.

지문을 3단계로 완전 분석하여 독해의 실전 감각을 키워 보세요!

지문을 완전히 파악할 수 있어야 진짜 문해력을 키웠다고 할 수 있습니다.

하루 한장 독해+의 **지문 분석 3단계**를 거쳐 지문 분석 능력을 완벽하게 길러 보세요!

1단계	2단계	3단계
어렵고 긴 지문 제시	핵심어 파악하여 지문의 흐름 잡기	지문 구조도 문제로 지문 완벽 분석하기	해설에서 지문의 문장 쪼개 보기

엄선된 7문항을 풀며 다양한 유형의 문제 해결 능력을 키워 보세요!

다양한 영역의 제재에서 다룬 심화 문제도 풀 수 있어야 진짜 문제 해결력을 키웠다고 할 수 있습니다.

하루 한장 독해+의 엄선된 7문항을 풀며 문제 해결 능력을 완벽하게 길러 보세요!

구성 한눈에 보기

"하루 한장 독해"로 기본 문해력을 다지고,
새롭게 출간된 "하루 한장 독해⁺"로 실전 문해력을 높이세요.

1단계(1~2학년)	
1주차	누가 무엇을 했는지 알기
2주차	상황 파악하기
3주차	인물의 마음 파악하기
4주차	소개하는 대상 알기
5주차	시간과 장소 파악하기
6주차	글쓴이의 생각 알기
7주차	인물의 모습과 행동 상상하기
8주차	경험 떠올리기

2단계(1~2학년)	
1주차	중요한 내용 파악하기
2주차	어떤 일이 일어났는지 알기
3주차	등장인물의 성격 파악하기
4주차	일이 일어난 순서 파악하기
5주차	말의 재미 알기
6주차	글쓴이의 의견과 까닭 파악하기
7주차	그림이나 사진 읽기
8주차	주제 알기

3단계(3~4학년)	
1주차	중심 문장과 뒷받침 문장 알기
2주차	글쓴이의 마음 짐작하기
3주차	원인과 결과 파악하기
4주차	인물의 특성 파악하기
5주차	제목 파악하기
6주차	설명하는 대상의 특징 알기
7주차	내용 간추리기
8주차	감각적 표현 알기

4단계(3~4학년)	
1주차	사실과 의견 구별하기
2주차	의견의 적절성 판단하기
3주차	일의 순서 파악하며 읽기
4주차	이야기의 흐름 파악하기
5주차	매체 자료의 신뢰성 파악하기
6주차	글을 쓴 목적 파악하기
7주차	예측하며 읽기
8주차	이어질 내용 짐작하기

5단계(5~6학년)	
1주차	설명하는 방법 파악하기
2주차	글의 구조 파악하기
3주차	인물, 사건, 배경 파악하기
4주차	주장과 이유 찾기
5주차	글 내용 요약하기
6주차	글쓴이의 관점과 의도 파악하기
7주차	비유적 표현 알기
8주차	내용의 타당성 평가하기

6단계(5~6학년)	
1주차	갈래의 특성 알기
2주차	글의 통일성 고려하기
3주차	이유와 근거의 적절성 파악하기
4주차	작가의 의도 파악하기
5주차	생략된 내용 추론하기
6주차	다양한 관점의 글 읽기
7주차	함축적 의미 추론하기
8주차	절차를 고려하여 글 읽기

* 2022 개정 교육과정에 따라 5~6단계는 순차적으로 개발될 예정입니다.